鄂州市图书馆史

The History of Ezhou Library

樊小庆　张云　著

经济管理出版社
ECONOMY & MANAGEMENT PUBLISHING HOUSE

图书在版编目（CIP）数据

鄂州市图书馆馆史 / 樊小庆，张云著. —北京：经济管理出版社，2020.6
ISBN 978-7-5096-7203-7

Ⅰ. ①鄂…　Ⅱ. ①樊…②张…　Ⅲ. ①市级图书馆—文化史—鄂州　Ⅳ. ①G259.276.33

中国版本图书馆 CIP 数据核字（2020）第 098910 号

组稿编辑：张馨予
责任编辑：宋　娜　张馨予
责任印制：黄章平
责任校对：董杉珊

出版发行：经济管理出版社
（北京市海淀区北蜂窝 8 号中雅大厦 A 座 11 层　100038）
网　　址：www. E-mp. com. cn
电　　话：（010）51915602
印　　刷：三河市延风印装有限公司
经　　销：新华书店
开　　本：720mm×1000mm /16
印　　张：13
字　　数：212 千字
版　　次：2020 年 6 月第 1 版　2020 年 6 月第 1 次印刷
书　　号：ISBN 978-7-5096-7203-7
定　　价：68.00 元

鄂州市图书馆史志编纂委员会

主　任　刘江峰
副主任　刘履超　左继国　蔡清华　叶丽娅　卫扬柳　刘传坤
编　委（按姓氏笔画排序）
　　　　卫扬柳　方智红　左继国　叶丽娅　刘传坤　刘江峰
　　　　刘履超　吴兵文　张　云　蔡清华

主　编　吴兵文　陈建新
副主编　方智红　张　云　刘菊花
编　者（按姓氏笔画排序）
　　　　王敬俐　朱晓敏　李柏谚　邵义芳　赵敏玲　洪　勇
　　　　徐瑜旭

序

鄂州，一座历史悠久、人文气息浓郁之城，湖北的简称“鄂”即发源于此。历代鄂州人在漫长的历史岁月中，用自己辛勤的劳动和卓越的智慧，创造出灿烂的荆楚文化，留给后世丰厚的文化遗产。鄂州市图书馆在保存文献典籍、促进经济社会发展中做出了应有的贡献。

在湖北省公共图书馆界，系统地撰写史志的馆尚不多见。鄂州市图书馆有此之举，体现出名山事业之人的文化自觉和文化自信，具有示范意义，殊为难得。

始建于1956年的鄂城县图书馆（现鄂州市图书馆），虽然馆名、馆址几经变迁，但在当地党委和政府以及社会各界的鼎力支持下，兼收并蓄、持之以恒，形成了馆藏较为丰富的文献资源体系。改革开放以来，该馆紧密结合地方实际、求是创新，进一步提升服务功能，在科技服务、数字服务、延伸服务和文献资源开发利用等领域，取得了丰硕的成果。

《鄂州市图书馆馆史》一书，忠实记录了该馆60年的发展历程，客观再现了图书馆服务大众的突出业绩。馆史的出版，是鄂州图书馆人文化生活中一件可喜可贺的大事。本书既是鄂州市图书馆筚路蓝缕的珍贵记忆，又是改革开放40余年开拓进取的成就展示。作为鄂州市文化史重要的组成部分，它融史料性、可读性于一体，不失为一部地方图书馆小百科全书。

机缘恁巧，我有幸见证了鄂州市图书馆改革开放的发展巨变，与馆领导和员工交往颇深。故欣然作序，并谨借此表达对鄂州市图书馆界同仁的敬意。不忘初心，继续前进。期待鄂州市图书馆在创建学习型城市、推动全民阅读、书写“中国梦”湖北篇的工作中，不断创新，勇攀高峰。

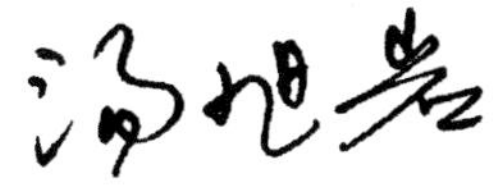

2019年8月29日于武昌

鄂州市图书馆部分成就和员工活动照片如图 1 至图 18 所示。

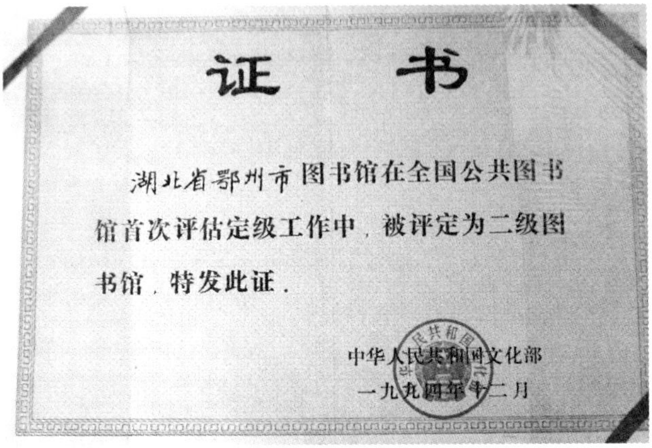
证 书

湖北省鄂州市图书馆在全国公共图书馆首次评估定级工作中，被评定为二级图书馆，特发此证。

中华人民共和国文化部
一九九四年十二月

图 1

1994 年，在全国首次公共图书馆评估中，鄂州市图书馆被国家文化部评定为国家二级馆（见图 1）。

图 2

1964 年 5 月 1 日，鄂城县文化馆组织了社会主义教育宣传队参加全县社教工作。图 2 为全体队员合影，二排左四为张三育（照片提供：邵文川）。

图 3

20 世纪 70 年代末，县馆恢复建制后全体人员在县文化大楼前合影（从左往右：张三育、江新梅、柯汉星、汤晓明）。

图 4

1984 年夏，市馆全体人员在馆门前合影（从右往左：张三育、田雪梅、梁金秀、张莉、张景瑞、江新梅、沈国祯、江淑君、樊小庆）。

图5

1987年1月5日，副省长韩南鹏（左）视察新馆，在新馆会议室听取副市长阮宝州（中）、文化局局长吴凤灵汇报（刘凌云　摄）。

图6

1987年12月，市委书记邓庆宗（左二），副市长阮宝洲（中）视察即将竣工的新馆。

图 7

1988 年 4 月 12 日，新馆开馆仪式在一楼大厅举行，省委宣传部副部长邓泽民（右四）、省文化厅副厅长邢习彬（左二）、市委书记徐景炫（右二）等省市领导为新馆开馆剪彩。

图 8

1988 年 4 月 12 日，新馆开馆仪式结束后，市委副书记徐景炫（左二）、市委宣传部部长夏廷铎（左三）陪同省委宣传部副部长邓泽民（右一）参观在新馆四楼举办的全市书画展览。

图 9

1989 年 6 月 25 日，鄂州市举办的《战斗英雄赵怡忠烈士英雄事迹展览》在市馆开展，省委书记关广富（右三）等省市领导前来参观。

图 10

1994 年，全国公共图书馆首次进行评估定级。同年 6 月 12 日，湖北省评估专家小组在组长、省文化厅副处长汤旭岩，副组长、省图书馆副馆长阳海清（左三）带领下来市馆检查验收。

图 11

1994 年 3 月，文化部图书馆司司长杜克（右）来馆视察，市文化局局长陈汉祥（左）、市馆馆长张伟（中）向其汇报。

图 12

1995 年 4 月 7~10 日，湖北省图书馆学会第六届大中城市业务建设研讨会暨第九届学术研讨会在市馆召开，省文化厅厅长周祖元在开幕式上讲话。

图 13

2000 年 9 月 12 日，省文化厅厅长蒋昌忠（左一）在市委书记熊同发（左二），副市长朱曙霞（右三），市文体局局长夏建国（右一），市馆馆长张志明（右二）陪同下视察市馆。

图 14

1988 年开馆后全体干部职工合影。

图 15

庚楼，20 世纪 50 年代末，县馆儿童阅览室设于此。

图 16

1990 年 6 月 1 日，市文化局副局长江国超、市馆调研员张三育少儿活动获奖者颁奖。

图 17

新馆外貌（1989 年）。

图 18

鄂州市图书馆不同时期使用过的读者借书证。

概　述

一

鄂州历史悠久。远在五千年前，当文明的曙光照耀在鄂州这片土地上时，先辈们便留下了光辉的足迹。中国楚文化研究大家刘玉堂说：进入商周以来，鄂之先民便开始采矿冶铸，是为第一个辉煌时期。特别是楚之先祖熊渠的到来，使鄂州率先纳入楚国版图。汉三国六朝和唐、宋、元分别是第二和第三个辉煌时期。① 公元 221 年，吴王孙权在这里告天称帝，取“以武而昌”之义改鄂县为武昌（今鄂州市，下同），定都于此。高古而美丽的鄂州，一座山水如画之城，自此雄踞荆楚大地。

孙权建都武昌后，在城郊的西山设置读书堂，藏书于此。两晋时期，大政治家、军事家陶侃任武昌太守时，在西山寒溪寺设读书堂，亦藏书于此。史记：“陶公读书堂在寒溪北，当时夜雨滴沥，咿唔不缀，是真能惜阴者。每空山夜静，林木萧疏，如闻其声。”宋《寿昌乘》有载：“书籍具如桑麻谷粟，不可一日阕，升郡后，收辑所藏，以俟来者。”此为有记录的官方正式藏书之始（寿昌，鄂州曾用名）。

明清时期，武昌建有尊经阁，后为战火所毁。至清代，清顺治、康熙年间复建尊经阁，收藏经、史。

20 世纪三四十年代，鄂城受汉口、黄冈、大冶等周边地区通俗图书馆和民众教育馆兴办的影响，民众教育之风悄然兴起，有清末社学、私塾就已十分兴旺的历史文化名镇西长岭以及沼山等地，其社会民众教育之风更

① 刘玉堂. 三国文化与鄂州 · 总序［M］. 武汉：湖北人民出版社，2018.

为盛行，出现了朱菜香、刘艺舟、柯树屏等一批文人学者和艺术家。

1934 年 4 月，鄂城县民众教育馆成立。教育馆内建立有图书阅览部，鄂州现代公共图书馆就此发端。

二

1949 年 6 月，鄂城县人民政府成立。同年 9 月，县人民政府接收了原鄂城县政府民众教育馆，后民众教育馆更名为人民文化馆。1952 年，人民文化馆内设置图书阅览室，开展图书借阅服务。

1956 年 7 月，成立鄂城县图书馆，馆址在八卦石街。1957 年 10 月，在省文化厅的扶持下，位于新民街的县图书馆新馆落成。新馆总面积 350 平方米，有工作人员 4 人。内设机构有采编室、外借处、普通阅览室、少儿阅览室和书库，总藏书 14954 册。

20 世纪 60 年代初，国民经济开始调整，全国机构大精简。1961 年 6 月，鄂城县图书馆在调整中被正式撤销，藏书与人员并入县文化馆的图书阅览室。1966 年，随着“文化大革命”的全面展开，县文化馆图书阅览室于同年 5 月关闭，直到 1971 年 3 月才恢复开放。1973 年下半年，县文化馆图书阅览室从城隍庙搬迁到了十字街原县业余干部学校，仍然对外开放。

1978 年，县图书馆恢复独立建制，从十字街搬迁到位于大西门广场南端的县文化综合大楼，与县文化局等共处一栋大楼。县馆面积 240 平方米。随着我国改革开放的大幕拉开，文化领域的建设也日新月异。1985 年 4 月，市委、市政府将兴建图书馆列入全市要办的 15 件好事之一。在各方努力下，1988 年 4 月，一座高四层、总面积 2046 平方米的新图书馆拔地而起，耸立在新城区古城路，喜迎往来宾客、八方读者。

20 世纪 50 年代末 60 年代初，县馆工作除日常开放阅览外，贯彻落实党中央“双百方针”和“两为服务”，以文化普及为己任，服务厂矿与农村。由于工作开展得较好，1958 年，省图书馆将鄂城县华容区设为图书流通站，并派专人来鄂城蹲点，指导和帮助华容朱秦大队俱乐部乡镇文化站（原称）建设好图书室，其组织的读书活动开展得风风火火，农民参与的积极性甚高。朱秦大队俱乐部的成功做法在当地起到了积极的示范作用，全公社各个大队俱乐部均仿效其法，大队俱乐部图书室普遍办了起来。由于驻点工作的示范效应和全公社各个大队俱乐部成功办起图书室的积极影响，鄂城县农村、学校和厂矿图书室得到了较快发展。仅在农村，短短的几年间，全县农村俱乐部图书馆就达467个。1958年底，朱秦大队俱乐部图书室被评为湖北省图书室先进单位，县图书馆被评为湖北省先进图书馆。

由于三年自然灾害的发生，加之国民经济的困难，本县大量的农村俱乐部（文化图书室）先后停办。直到1963年国民经济有了好转，农村俱乐部才逐步恢复活动。

1966年，“文化大革命”开始。县文化馆正常工作基本停顿。虽然县文化馆的工作重点基本上是参加全县的“文化大革命”和在本单位开展革命运动，但根据上级部门的指示，文化馆干部以文艺的形式，下厂下乡，开展活动。并抽调干部辅导和帮助基层开展文化活动，蹲点驻队。其中姚湖大队成为全县文化工作现场会示范点。

三

20世纪70年代末至80年代，市馆迎来了两大发展机遇：1978年8月，鄂城县图书馆恢复独立建制；1983年9月，鄂州市成立。1984年2月，鄂城县图书馆升格为鄂州市图书馆（以下简称市馆）。1987年，年度事业经费由市馆建馆之初的2.4万元增长至17.8万元。

进入20世纪90年代，特别是在1994年首次全国公共图书馆评估定级工作后，市馆年事业经费和购书费显著增加，2002年，年事业经费达83.40万余元，其中图书购置专项经费达15万元。虽然年图书购置专项经费距省级中等城市图书馆标准还有较大距离，但相较之前，已是进了一大步。

1983年底，市馆共有工作人员9人。设有综合服务处3个（外借、阅览和少儿借阅）。1984年，内部机构设置有综合借阅室、办公室。1987年，市馆工作人员发展到20人。1988年新馆开馆后，馆内机构设置有采编部、办公室等五部一室。2002年，市馆内部机构设置有采编部、借阅部、少儿部、辅导部、信息部、电子阅览部、经营部以及办公室，服务窗口共 7 个。

1985 年，市馆改革初试，其方案中有些条目已成为干部职工在工作中自觉遵守的准则。1988 年，市馆按照市政府人事部门的要求，进行本单位的定编、职称改革和对全市图书馆界参加职称评考人员的初审等工作。此后，市馆还进行过多次人事制度的改革。1992 年，市编委会核定，市馆编制为 30 人。2002 年，市馆实际人数为 46 人（含离退休人员 5 人）。同年，市委、市政府关于《鄂州市市直事业单位机构改革实施意见》等文件下发。根据文件精神，市馆在详细调查和充分酝酿讨论研究的基础上，制定出具体实施方案，12 月底，人事改革定编到人和中层干部竞聘等工作全部结束。

20 世纪 80 年代至 90 年代中期，藏书建设是市馆基础建设的重点工作。其依照 1992 年 10 月省文化厅正式颁发的《湖北省中等城市图书馆标准》，并结合本市历史悠久的古城和新兴的中等工业城市的特点，进行本馆的藏书建设，使之逐步形成历史文化与新兴工业城市共存的藏书特点。本市社会团体和个人也不断地向市馆捐赠图书。1993 年，市馆获得全市近百家单位捐赠的图书 17 万余册，创本市历年获得捐书之最，亦创全省公共图书馆获赠图书之最。

1995 年 7 月，市馆争取到由全国政协委员、中国香港汉荣书局董事长、香港著名爱国人士石景宜先生赠送的 3400 余册图书。同年，港商王正铎先生向市馆捐赠价值 2 万元的港台图书共 1470 册。

市馆除搞好阵地工作外，还积极为馆外服务点送书上门，得到了社会的普遍赞赏。特别是自 1983 年起，市馆送书到监狱，为全省率先将图书送到犯罪嫌疑人手中，协助司法机关对其进行改造。

在多年读者服务中，市馆涌现出一大批学有成效的读者。他们奋战在科学研究、工农业生产、种养殖行业，以及文学创作等领域。自 20 世纪 60 年代起就在图书馆自学，后成为享受国务院特殊津贴的市公路段专家邵树人，获得我国经济学领域最高奖"薛慕桥价格研究奖"的市审计局高级经济师、作家余耀华，世界儿童诗歌比赛国际菲利亚奖的获得者、小学生读者刘倩倩等，就是其中的佼佼者。

1988 年，新馆开馆后，各项工作逐步进入正轨。为适应读者队伍的发展、满足读者需求，市馆在服务方式上有了较大变化。在 20 世纪 80 年代初就开始实行的半开架基础上，在流通部门实行半开架、阅览部门实行全开架服务。20世纪90年代后期，市馆开始尝试启用计算机管理。2001年初，完成了流通部门图书回溯建库工作。在文化部和财政部共同启动的全国文化信息资源共享工程中，2003年鄂州支中心（电子阅览室）建成。2002年，市馆采编、流通部门全部实行了计算机管理，标志着市馆的计算机管理初步取代了传统的手工操作，图书馆向自动化、信息化迈进。

在搞好阵地工作的同时，市馆还举办不同类型读书活动。在每年图书馆服务宣传周、全民读书月，市馆更是举办系列读书活动，广泛开展图书馆宣传和全民读书宣传。在市知识工程领导小组领导下，利用图书馆的宣传开展读者读书成果展示、专题讲座，举办有着多年历史的庆“六一”故事会、读书征文、有奖知识竞赛，现场办理借书证、召开读者座谈会等，积极组织、引导群众性读书活动的深入开展，借助电视、报纸等媒体，宣传知识工程，不断扩大图书馆的社会影响。广泛开展捐书助农，送书、送知识下乡活动，并在活动的内容和形式上不断创新。如送书到监狱，开展“百佳读者”评选、1999年的“庆祝新中国成立50周年知识竞赛”“重点读者巡礼——科技读者访谈”“风华电子杯——知识就是力量读书征文”等多项读书活动。

1994年和1998年，两次全国公共图书馆评估定级，市馆均被定级为国家二级馆。评估定级工作极大地促进了市馆业务的发展，特别是购书经费得到了大幅度提高。市馆紧密地围绕经济建设中心展开服务工作，加大了科技跟踪服务等方面的工作力度，并对自动化建设有了进一步的认识。为使市馆在今后的工作向规范、科学的方面发展，使本馆各项工作完全达到地市级二级馆的要求，市馆依照评估标准，制定和提出本馆相关制度和岗位要求，评估结束后，为工作人员在工作中正确履行各自的职责，更加明确了方向和目的，市馆业务工作逐渐步入规范的轨道，开始采用图书馆自动化集成管理系统（ILAS）和中国机读目录规范格式（CNMARC）管理和著录图书。

20世纪80年代中期，市馆在抓好日常服务工作的同时，还积极营造学术氛围，鼓励干部职工结合工作实际，积极探讨研究，撰写论文。这一良好的工作和学习氛围，在全省学术研讨会上得到了省馆领导的赞许。市馆成立以来，全馆在省级以上刊物和学术研讨会上发表（入选）论文200余篇，其中有41篇获省部级优秀奖，9篇分别被《中国图书情报工作文库》《全国报刊索引》等大型专业工具书收录；出版著作5部，其中《湖北长江经济带丛书——鄂州名优特产录》获2002年湖北省文化厅第四届公共图书馆事业发展奖励基金论著一等奖，省文化厅“五个一工程”著作一等奖。

四

20世纪90年代，市馆在搞好本职工作的同时，还不忘承担应有的社会责任，积极参与全市性的文化建设工作，帮助乡镇、村恢复和新建图书室，辅导和培训管理人员，并取得了可喜的成绩。进入21世纪，市馆发扬光大，组成“创文化先进乡（镇）”、创“文化之星”“校园之星”专班，进驻乡镇、街办和学校，与当地（学校）图书馆（室）一道，帮助恢复和新建村（居）委会文化图书室，培训街办和学校图书室管理人员。这些学校图书室在省、市评估达标验收中，全部合格。市馆参与的“创文化先进乡（镇）”建设中，华容镇荣获“全国文化先进乡镇”称号，凤凰街办杨湾社区获“全国文化先进社区”称号，凤凰街办洋澜村被评为市级“创建文明之星村”，古楼街办镜园社区获市“文化先进社区”称号。

市馆积极参与全市文明创建，先后投入大量资金，铺修水泥路、新建花坛、种植草坪树木，为读者营造良好的读书环境。1992年，市馆被评为鄂州市“双文明单位”。2001~2002年，市馆又投入资金，对馆主楼正立面、门前广场及大厅、主机房等维修改造，完善庭院绿化美化建设；首次推出文明服务承诺。整个馆容馆貌为之一新。

时光如白驹过隙，转眼间数十年飞逝。本书坚持实事求是的原则，以求馆史之真迹，扬前辈之美德，明兴衰之教益，如实地记载从市馆建馆初期到2002年以来的鄂州市图书馆事业发展概况。

关山千重路远，长风万里扬帆。进入21世纪后，市馆事业有了飞速发展。2003年，市馆建成全国文化信息资源共享工程鄂州支中心，有网络节点60余个，电子阅览室终端40个。而后，文化信息资源共享工程延伸到本市城乡，数字化图书馆建成指日可待。

此书初稿完稿之时，适值市馆建馆六十周年之际。谨以此书献给发展中的鄂州市图书馆。

目　录

第一章　1949 年前教育馆中的阅览部（1934~1949 年）

如果说图书馆起源于古代皇家的典籍收藏，随后并逐渐发展为官家、私家书院、藏书楼的话，那么鄂州地区皇室、官方的典籍收藏，有史可查的则可溯自两晋甚至三国时期。1949 年前，鄂城县民众教育受汉口、大冶、黄州等周边地区通俗图书馆和民众教育馆兴办的影响，民众教育之风悄然兴起。1934 年 4 月，鄂城县民众教育馆成立，教育馆内建立有图书阅览部，鄂州公办图书馆就此起源。

第一节　溯源

图书馆学家说："商代设有言官，掌管记录统治者的言行及重大事件的图书档案。"①而历史悠久的湖北鄂州，帝尧时为"樊国"，夏时为"鄂都"，殷商时为"鄂国"，西周时楚鄂王封地，三国时孙权将秦时的"鄂县"改为武昌，在此称帝并建都于此。时孙权建都于鄂，在城郊的西山设读书堂，藏书于此。由此，本地图书馆发源，可溯及三国时期。到了两晋时期，大政治家、军事家陶侃任武昌（今鄂州市）太守时，在西山寒溪寺设读书堂，亦藏书于此。明代督学高世泰游历西山时，为陶公廉政勤学所感，书"陶士行读书处"刻之于石。《湖北通志》有记："陶公读书堂在寒溪北，当时夜雨滴沥，咿唔不缀，是真能惜阴者。每空山夜静，林木萧疏，如闻其声。"而同时期的征西将军庾亮在武昌任太守时，"开置学宫，起立讲舍"。及宋、元，改名府学，建有南湖书院、龙川书院等，此时期

① 周文骏，金恩晖．中国大百科全书［M］．北京：中国大百科全书出版社，1993.

书院在湖北影响极大。后在其中修建明伦堂藏书。北宋中期，北方异族尚未入侵，社会暂还太平，武昌民间也有藏书。宋元丰三年（1080 年），苏轼被贬黄州后，不时过江来武昌，除留下《游武昌寒溪西山寺》《武昌西山诗》《过江夜行武昌山上闻黄州鼓角》等大量诗作外，还与多位武昌友人交往，这其中与老乡、寓居在刘郎洑的王齐愈、王齐万兄弟来往密切，盖因王氏兄弟来武昌时，“惟余旧书一百车，方舟载入荆江曲。”（苏轼《王齐万秀才寓武昌刘郎洑，正与伍州相对，伍子胥奔吴所从渡江也》诗句）。而在苏轼记录武昌地区民情风貌中，就有“旗亭酒监藏书甚多，以将书借人阅读为乐事。”①

宋淳祐二年（1242 年），由权寿昌军事京规教授黄瑞谅建南湖书院，由于办学经费充足，南湖书院购置了大量的图书，供学生学习。据宋代佚名《寿昌乘》记载：南湖书院的藏书主要有《大字古注六》3 部，《厚斋易传》《易三义》2 部，《易学启蒙》《易音训》《诗集传》6 部，《诗序辩说》《诗传遗说》4 部，《六经释音》11 部，《楚辞注》6 部，《小学书》6 部等，种类在 50 种以上，既有学生们平时上课用的课本，也有课外阅读书。

元代初期，武昌金牛镇建龙川书院，有藏书供生员阅览。宋元时期，武昌有一段时间改名为寿昌，《寿昌乘》有载：“书籍具如桑麻谷粟，不可一日阙，升郡后，收辑所藏，以俟来者。”此为有记录的官方正式藏书之始。其设郡学、书院收藏书籍颇丰。可惜的是，这些藏书后来毁于兵燹。宋武昌县县令薛季宣到任时，武昌城“有邑无民，荒城已芜”（宋薛季宣《鄂墟赋》），正是兵荒马乱、战火频仍之际，武昌旧籍尽付兵火，其中不乏晋史荃撰《武昌记》、隋佚名撰《武昌记》和五代雷氏撰《武昌记》。由此，集文武于一身的薛季宣在撰其《武昌土俗编》时，面对空图四壁的书院，不由叹道：“《武昌土俗编》，锓木于绍兴壬午。走既才庸学寡，加县出兵荒馀烬，无藏书以考阅往事。……”（清光绪《武昌县志》）

此后，儒学复兴，武昌重建学宫，宫内设有专室以用藏书。明代弘治七年（1494 年），知县聂申理建尊经阁，先后三届知县方才完成。时任湖广按察司佥事、后为南京都察院右副都御史的欧阳旦在其《重修儒学记》中记道：“……庙后有堂，扁曰明伦堂。后有楼，扁曰尊经。”（《武昌县

① 林语堂. 苏东坡传［M］. 天津：百花文艺出版社，2000.

志》）至清代，清顺治十一年（1655 年），知县张春枝建尊经阁，收藏十三经、二十一史。清康熙《武昌县志》总纂孟振祖记曰：尊经阁“其次之尊经阁，藏圣人之典籍者也。”（该阁一直到咸丰二年，即公元 1852 年，尊经阁先后藏有《资治通鉴》《朱子全书》《书、诗、春秋三经传说纂》《孝经衍义》等典籍，供众学子用）。此后藏书楼阁又有发展。康熙五十年（1711 年），“知县尚璠于地库之东建书斋五楹”。楹，古代计算房屋的单位，一列为一楹（一说一间为一楹），五楹即五间。

清朝光绪年间，武昌县重修《武昌县志》，其刻本中盖有“庾楼藏”字样的藏书印，庾楼即庾亮楼，俗称“古楼”“鼓楼”。可见，当时的庾亮楼也是一个藏书的地方（见图 1-1）。

图 1-1　清光绪《武昌县志》

清代的武昌书院虽渐没落，但学养深厚的鄂州出现了熊氏、纪氏、柯氏、刘氏、陈氏、范氏、王氏、张氏等数位藏书家。这一批人无论是在政治上，还是在经济文化上，于鄂州均居上层的显赫地位，他们大都出身于世代书香、官宦、豪门大族。所谓“书中自有黄金屋”，他们都得益于图书，因而重视对图书的收藏。其中最具影响的有如下几位：①王家壁（1813~1883 年），出身于武昌世代书香门第，进士，授兵部职方司主事，与胡林翼皆为曾国藩幕僚。其所收藏的文物资料中，有宋黄庭坚的《武昌松风阁诗卷》《盛京道理总图》等珍贵藏品。其后人将该批装满一个中吉普车的史料，以及记录太平天国洪杨之役的手稿十大箱，捐献给湖北省图书馆保存。这批资料成为武汉地区大专院校文史教授专家研究近代史的重要资料。其中由湖北省人民出版社从中摘出一部分编成《湖北鄂城发现太平军资料选辑》出版，成为湖北研究太平军斗争史的主要资料。②柯逢时（1845~1912年），光绪九年（1883年）进士，翰林院编修。历任江西布政使，贵州、广西巡抚，兵部侍郎，晚清著名藏书家，其藏书籍达数万卷，其中有《四库全书》未进呈钞本元、明小集800余种，还有一些为世不经见传的秘籍，以及黄丕烈、周星贻等的批校本。为鄂州最具名望的收藏家。是湖北省三大著名藏书家（杨守敬、徐行可）之一[①]，藏书规模可与杨守敬的观海堂并驾。为保存这些藏书，柯逢时还专门建有藏书楼，取名为"柯家山馆""息园"。除喜欢藏书外，柯逢时一生还喜著书、刻书，曾校刊《宋本玉篇》，先后纂修过《湖北通志》《武昌县志》《应山县志》，晚年曾刻《常山贞石志》《经史证类大观本》及《武昌医学馆丛书》8种96卷。柯逢时去世后，其后人向湖北省图书馆捐赠其藏书3000余册。时《长江日报》还登载了中南文化部对其捐书一事的表扬。柯逢时是本地少有的集校、刻、藏于一体者。③范志熙（1815~1889年），字月槎，号仕隐，别号石湖诗孙。武昌县神山乡神四里人（今葛店镇）人。咸丰十一年（1861年）举人，官国子监助教，改扬州府淮北监制司同知。其家富藏书，编撰有《范氏归馆书目》2册，著录其图书有4557种，有3745种是集部，经史子类图书仅数百种。其藏书楼名为"木樨香馆"，藏书印有"木樨香馆范氏藏书""木樨香馆珍藏"等字样。清杨琪光撰《范月槎观察生传》称范氏"平生无其他嗜好，见名人手册暨古今毕牍，不校值赀昂否，恒典衣裘购之"。[②]晚年因其子范德培亏空巨额公款，宣统二年（1910年），范志熙将书籍作价以1.5万两，出售给江南图书馆书籍4557种。据抄本《范氏归馆书目》载，在这4557种书籍中，经部314种，史部421种，子部77种，集部3745种。江南图书馆将其藏书分藏于甲、乙、丙3个书库，和丁氏"八千卷楼"藏书一起，成为今南京图书馆历史文献部古籍的一部分。④纪夔，清代进士，历任翰林院编修、庶吉士、刑部主事、知州等要职，后以奔丧还乡，建"澄观楼"置书万卷。⑤陈中孚，清代进士，授翰

① 殷应庚，黄健. 柯逢时年谱［J］. 江汉考古，1989（1）：76-84.
② 徐忆农. 范志熙及其木樨香馆藏书［J］. 江苏图书馆学报，2001（1）：47-48.

林院编修，文渊阁校理，国史馆总纂、道监察御史、兵部掌印给事中、漕运总督、巡抚等要职。著有《传薪集》《补勤诗集》《宏运免愚编》《浙东教养录》《课士诗文合编》《种竹山房集》等。其与长子工部郎中陈兆霖、次子分部员外郎陈汝霖，热衷于捐建驻北京公车馆和文物图书的收藏。⑥刘复，生于清光绪九年（1883 年），系辛亥革命元老之一。先后任县知事，安徽省政府委员、秘书长、司法厅长、民政厅长、国民党安徽省党部委员、国民代表大会筹委会秘书等职。先后编辑《中华民国公报》、创办汉口《震旦民报》、成都《大中报》、湖北《正义报》。他的"俪云室"收藏的文物图书甚多。

此外，还有文学家、教育家、书法家张裕钊，中国逻辑学之父、哲学家、教育学家及藏书家汪奠基，著名学者朱峙山、闵孝荃、黄大华、刘伯垂、周柏荫、阮子霞、王道心、倪兰春等，他们的收藏也不在少数。还有鄂城城关名望张庄篇的张氏书堂，葛店范氏世家等，家藏书籍，闻名遐迩。

1949 年前，在当时国民政府的主导下，以提高社会文化水平、改进社会生活为目的的民众教育馆，在中国大地、在湖北展开。民众教育馆汇集了图书馆、博物馆、体育场及音乐厅等各种社会教育事业，采用民众喜闻乐见的施教方式，对民众进行宣传和教育。但在《湖北省县市立各通俗图书馆一览表》的 51 个馆（含省馆）中，不见有鄂城县通俗图书馆；在《湖北省各县市民众教育馆一览表（1912~1931 年）》中所记录的 35 个县馆中，亦无鄂城县馆。到 1934 年，才出现鄂城民众教育馆，由此推断，鄂城在民众教育方面，起步要稍晚于周边地区。虽如此，渊源深厚的武昌书院遗风，以及该时期鄂城受汉口、大冶、黄州等周边地区通俗图书馆和民众教育馆兴办的影响，民众教育之风已悄然兴起，如清末社学、私塾就已十分兴旺的历史文化名镇金牛、长岭以及沼山等地，其社会民众教育之风盛行，出现了朱菜香、朱国桢（1903 年，殿试二甲第 3 名）、朱山东（二甲第 3 名，相当于全国排名第 6 名）、戏剧艺术家刘艺舟、曾任教育部司长的柯树屏等一大批文人学者。

第二节　民众教育馆成立

因民众思想亟待启蒙，近代思想家们遂将救国的目光转向中国民众，从而在中华大地上展开了一场旨在提高民众觉悟的平民教育运动。而民众教育馆则是该时期社会教育的综合机关，它前接北洋政府时期的通俗教育馆，后启中华人民共和国的文化馆、图书馆，并曾推广至全国各地。

1927 年，南京国民政府成立后，开始实施以“唤醒民众，训练民众”为目的的民众教育。作为一种民众教育事业，民众图书馆受到当局的高度重视。各级国民政府相继颁布了一系列法律法规，将民众图书馆建设逐步推向高潮。自 20 世纪 20 年代末民众图书馆兴起后，到 30 年代已经遍及大江南北。但这一时期由于政权更迭频繁，战事不断，民众通俗教育还处在起步阶段，发展状况也参差不齐。1933 年，鄂城县民众教育委员会的成立，推进了本县民众教育，改良了民众文化娱乐及风俗习惯。1934 年，湖北特种教育始办。特种教育是一种对民众进行的综合教育，其内容包括“养、教、卫”① 三个方面。属于“养”的有改良生产，提倡副业，指导合作等项；属于“教”的有公民的训练，通俗演讲，推行新生活，识字教育等；属于“卫”的有训练保甲，组织自卫团体，改良公共卫生，锻炼民众体格等。同年 4 月，鄂城县民众教育馆成立，内设图书阅览部，有藏书 300 余册，报纸杂志 10 余种。馆址设于鄂城城关闹市西面的巡抚街江西会馆处（现鄂城区邬家巷鼓楼小学），鄂州公办图书馆就此发端。后有一段时间被取消。同年底，鄂城设立了“中山民众学校”。1936 年，鄂城七所中山民众学校中，规模较大的有三所，其中设在葛店邓平庙的条件最好，除有体育器材等设施外，还建有图书室，书籍杂志 2 万余册。一个学校图书室有如此藏书数量，无论是在当时，还是在现在，都是很可观的。

1935 年 3 月，鄂城县立民众教育馆正式恢复开办。这一管理全县教

① 盛耀乾，民国时期鄂城的特种教育［M］. 鄂州：中国人民政治协商会议鄂州市委员会文史资料工作委员会，1988.

育、文化和体育的机构，仅有职员 2 人，每月经费包括人员工资在内为 55 元，与上年相同。民众教育馆恢复开办后，内设阅览、康健、演讲和教导四个组，其“工作的目标，则注重语文教育、公民教育，而以健康教育为辅。”① 在阅览方面，其阅览室的报刊名称及数量虽然未见其详载，但从该时期国内出版物以及其他各县阅览室普遍藏有的情况看，报纸类大体有《中央日报》《鄂南日报》《申报》《大公报》《武汉日报》等，另有《国闻周报》《科学画报》《乡村运动周刊》《农林杂志》等杂志和《国耻挂图》《防空挂图》《新生活挂图》等，对民众进行宣传教育。而阅览室的服务，应为开架服务。“书则采用开架式陈列，民众可自由取阅。民众有时不能来馆，只要签名借书券，得借出之。”② 再则，时县立民教馆一般仅有馆长和馆员共 2 人，杂志数量极少，因此既无力量也无必要采取闭架式管理。至于阅览室有无对图书进行分类，资料上未见记载，但从湖北其他县立民教馆用《杜威十进制图书分类法》分类图书的情况来看③，如果本县民教馆阅览室对图书进行分类，也应是用《杜威十进制图书分类法》类分图书的。

1939 年 8 月，省教育厅颁布《湖北省各级民众教育馆中心工作标准及其细目》，对战时地方民众教育馆发展作了新的部署，但因 1938 年 10 月日本侵略者的入侵，鄂城沦陷，该时期县政府内迁到县南端的内湖乡（今梁子湖区太和与大冶交界处）一带，县立民众教育馆停办而未能实施。中山民众学校也因此停办。尽管 1940 年国民政府实行新县制，设置教育科，拟定了县国民文化、教育执行计划，但因险恶的战争环境和民众流离颠沛、居所不安，鄂城县政府有心无力，民众教育举步维艰。

1945 年，抗日战争胜利后，国民教育逐渐复苏。1946 年 4 月，鄂城民众教育馆恢复。同年 9 月，鄂城另一大区——金牛区，其所属各乡成立民众阅览室。

1948 年 9 月，县所属各乡设置民众阅览室，其事务由乡文化干事兼管。

---

① 郑家权．一年来之鄂城县立民教馆［Z］．武汉：内部参考（文艺志资料选辑），1983.

② 查亚迪．1937 年京山县立民教馆工作概况［Z］．武汉：内部参考（文艺志资料选辑），1983.

③ 张实．1937 年大冶县立民教馆工作概况［Z］．武汉：内部参考（文艺志资料选辑），1983.

第二章　1949年后初见雏形的县图书馆（1950~1958年）

1949年6月，鄂城县人民政府成立。两年后，在已经成立的县人民文化馆内设置图书阅览室，开展借阅服务。1956年，在第一次全国图书馆工作会议上提出“为科学研究服务”，成为这一时期图书馆的服务理念与办馆方针。而对于县级馆来说，这一方针影响深远，成为自此往后的工作重点。是年，鄂城县图书馆成立。图书馆以为科研服务和为广大群众服务为己任，成为社会建设和发展中不可或缺的组织单元。

第一节　步步发展的县馆建设

1949年后，党和政府十分重视图书馆（室）的建设。1949~1952年，政府把旧中国的44所私立图书馆收为国有并进行改造。图书馆的性质发生了根本的变化，成为广大人民的科学文化教育机构。1949年6月，鄂城县人民政府成立，接收了金牛民众教育馆，成立金牛人民教育馆。9月，县人民政府接收了设在城关古楼街庾亮楼的国民鄂城县政府民众教育馆。

1951年1月，县民众教育馆更名为鄂城县人民文化馆，是湖北“全省72个县、市建立31个人民文化馆中的一个。”① 同时，金牛民众教育馆也更名为金牛人民文化馆（当时县城关镇、金牛镇为县辖镇）。金牛馆负责鄂城县南七区（金牛、谈桥、高桥、宴公、太和、涂镇、长岭）文化工作。接收国民政府教育馆后，鄂城县人民政府对其进行了大力改造。确立

① 杨奋生主编. 荆楚文化金三角发展模式［M］. 武汉：湖北教育出版社，1990.

了以马列主义、毛泽东思想为指导的原则，调整藏书结构，补充了大量的马列主义经典著作和进步书刊，对旧有的书刊进行严格的审查，剔除反动、封建、荒诞等读物，使书刊为人民所用。

1952 年，鄂城县人民文化馆设置图书阅览室，开展图书借阅服务，凡是持工作证及单位介绍信的市民，均可以来图书阅览室办理借书证借阅图书。该时期，图书阅览室有藏书 7343 册。年接待读者 9000 人次，外借图书 10800 册次/年。

1955 年，为贯彻 1953 年政务院文化教育委员会提出的“整顿巩固、重点发展、提高质量、稳定前进”的文教工作方针，鄂城县在县直辖镇城关镇和金牛镇设文化馆 2 个（县文化馆、金牛文化馆），重点文化站 5 个、农村图书室 94 所。1956 年，我国基本上完成了对工业、农业和资本主义工商业的社会主义改造，为生产力的发展开辟了广阔的道路。为适应社会主义文化建设的需要，7 月，鄂城县图书馆成立（以下简称县馆）为全省县级中最早建馆的 7 个县馆之一，馆址在八卦石街（今建设街东），2 层楼，总面积约 200 平方米，年事业经费 600 元。同年 9 月，湖北省文化厅拨款 3 万元筹建县新图书馆。

1956 年 7 月 15 日，县馆新馆建设全面展开。虽然资金已经到账，但建设用钢材、水泥等物资仍十分缺乏，尤其木材更难买到。县文化教育局领导了解到县邮政局存有一批木材，县人民委员会文化科熊亚云几次找到县长李文明，想方设法购买到该木材，终于解决了这一难题。经 3 个多月的努力，1957 年 10 月，位于新民街要道 153 号的新图书馆落成。为一栋两层三间楼房，内有收藏室、阅览室、书库、办公室，藏书 14954 册，（其中古籍 1 万余册），报纸 11 种（份），杂志 32 种。日接待读者 60 人次，外借图书 80 册次。有持证读者 892 人，另有借书小组 45 个，1080 人，并有义务图书管理员。如数年利用图书馆学习，并自称“图书馆就是我的大学”的鄂州地方文史专家王义文，自小学时，就利用课余时间来图书馆，帮助管理员贴书标、摆放报刊、上架图书等，成为义务管理员。后县馆搬迁到古楼街。在全国 2000 多个县中，县馆列于全国仅有的 400 所公共图书馆之中。古楼街馆总面积 350 平方米，有管理人员 4 人。内设机构有采编室、外借处、普通阅览室、儿童阅览室和书库。设施有阅览桌 20 张、书柜 12 乘、报纸架 4 个、目录柜 1 套。图书按《中小型图书馆图书分类表（草案）》分类，有分类卡片目录一套，总藏书 17946 册。其藏书内容则根据当时社会形势购入，如1952年配合苏联“十月革命节”、1956年配合在全国开展的“全民学哲学”、1958年4月开始配合“总路线”宣传等，其藏书有《苏联社会主义经济问题》《辩证唯物主义讲话》《历史唯物主义的基本观点》《关于农业合作化问题》《兵役法讲话》《鄂城钢铁专集》《什么是过渡机时期总路线》等；通俗读物和工农业图书占有较大比例。新馆位于县总工会俱乐部灯光球场旁，是县文化与体育的活动中心，也是城关居民居住的密集区。新馆的落成，使城关镇的居民读书更加方便，县馆还组织举办“台湾概况介绍”的专题讲座以及阅读《我的一家》等优秀图书读者座谈会，图书馆每天人流如潮，热闹非凡。其读者量达到18000人次/年，外借图书21600册次/年。除日常开馆工作外，县馆还在学校举办读书活动，辅导基层图书室，送书到工地，下农村为生产服务。全年送书下乡、下工厂16000余册。

20世纪50年代，县馆的采访主要是选购本地新华书店的图书，但未见具体的采购标准。该时期县馆年度经费为600元左右。而图书的分类则未见记载，根据全省其他县级图书馆情况看，县馆图书分类，应该是按照1956年1月湖北省图书馆编印的《小型图书馆图书分类法》执行的。

第二节　贯彻“两为”方针，帮助建设农村俱乐部

1949年后的几年，在乡村剧团活动的基础上，为把农民的业余文化活动引向多方面、综合性发展，湖北省农村按村级建制普遍建立了农村俱乐部。农村俱乐部是袭用工人俱乐部的模式而建立的，是一个旨在向农民进行政治、思想、文化教育的综合性基层文化组织。其具体任务是开办夜校、冬学进行扫盲和宣传时事政策、教唱革命歌曲、出黑板报、组织自编自演文艺节目等。1952年，鄂城县怀德区将军乡（今鄂城区新庙镇一带）办起了全县第一个农村俱乐部（后称人民公社生产大队文化室、农村文化室、乡镇文化站），在其下设的宣传组中设有图书室。

1955年，随着农业合作化高潮的到来，农村出现了以建立俱乐部为中心的群众文化活动。县图书馆除做好日常开放外，以文化普及为己任，派专人负责业务辅导工作，多次下乡，辅导全县19个农村俱乐部的建设

工作。

1955年7月，中央人民政府文化部《关于加强与改造图书馆工作的指示》下发，对公共图书馆的社会使命进行了认定：公共图书馆是以书刊对人民进行爱国主义与社会主义教育的文化事业机构，是党和政府进行宣传工作的有力助手；读者服务工作强调“区分服务”和“重点服务”原则，服务对象一是“广大人民”；二是“党和政府机关、科学文教机关、团体”。这是新中国成立初期我国公共图书馆服务理念的显著特点。

1956年，我国农村社会主义改造全面进入合作化时期，党中央发出“向科学进军”的号召。同年7月，文化部在北京召开了第一次全国图书馆工作会议，研究、讨论如何为科学研究服务的问题。文化部社会文化事业管理局向会议提出了《明确图书馆的方针和任务，为大力配合向科学进军而奋斗》的报告。在这次会议上，明确了图书馆既是宣传教育机构，又是学术研究机构，提出了省、市以上大型图书馆承担“为科研服务，为广大群众服务”的两项任务（即“两为”方针）。这次全国图书馆工作会议后，“为科学研究服务”成为该时期乃至后来省、市级公共图书馆共同执行的服务理念与办馆方针。虽然这一方针是对省、市等大型公共图书馆而言，但县级馆同样实施这一方针，特别是“为科学研究服务”，不仅是这一时期的服务理念与办馆方针，而且是自此往后三四十年的重要服务内容。

在“两为”方针的指引下，尽管县图书馆刚刚成立，经费有限，场地狭小、专业人员匮乏，但目标明确地积极投入该项工作之中，把普及和提高广大群众的文化水平作为主要工作任务，把宣传党的方针政策、为本地生产、科研服务作为立馆之本，从图书采访到读者服务活动都紧紧围绕这一方针进行。县馆人员常常下乡辅导农村俱乐部的建设，积极为农村文化建设服务，是年，在农村设置流动图书点23个。并根据全县城乡图书室的发展情况，首次集训农村图书管理员42名。次年葛店、庙岭等建立乡图书室108个，共有藏书7806册。

第三章 城乡共建，服务厂矿农村（1959～1977年）

该时期鄂城县图书馆几次搬迁，但每一次搬迁与兴建，都向前跨越了一大步。县馆工作除日常开放阅览外，同时以文化普及为己任，服务厂矿与农村，并成为省图书馆的重点辅导馆。随着该时期国家政治和经济大势的起伏变化，文化工作大起大落，农村图书馆（室）的建设也是起起伏伏。县图书馆被撤销，人员与藏书被合并到县文化馆。

第一节 两度变迁的馆址

一、新民街县图书馆址

20世纪50年代初，县馆位于老城区建设街八卦石与十字街交会处往南约50米处。该地自清代起，就与周边的小东门、大小北门构成了鄂州市老城区一个繁华热闹的商贸之地。

1956年，党中央提出在科学文化工作中实行“百花齐放，百家争鸣”的“双百方针”。“双百方针”的提出，极大地推动了我国文化事业的发展。是年7月，鄂城县图书馆成立，但无馆舍。同年9月，湖北省文化局拨款3万元，筹建鄂城县图书馆新馆。1957年10月，县图书馆建成，馆址位于居民密集，商贾云集的繁华之地新民街153号（今杨家巷吴王公馆南），是一栋两层的木结构老房，总面积百余平方米，有藏书7343册（后增加到1.4万余册），多为通俗性读物，有书目19种，卡片式目录一套。

二、古楼街县图书馆址

20世纪50年代末，县馆搬迁到古楼街庾亮楼东，面积350平方米，整个建筑呈“品”字形，三层楼，内设普通阅览室、外借处，书库等，其中儿童阅览室设在庾亮楼。

清光绪《武昌县志》记载：庾亮楼，原为三国时吴王孙权建都武昌时所建武昌宫（亦称吴王宫）之端门，距今已有1700多年历史。因其在武昌县治之南，亦称之为“南楼”，民间多称其为“古楼”“鼓楼”。南杂史《世说新语》载：东晋时期，武昌太守庾亮常到此楼游玩。有一次庾亮戴月闲游，踏木屐漫步登上南楼，其部属殷浩、王胡之等正聚会南楼赏月，看见太守到来都惊慌不已，准备回避。哪知庾亮就势坐在胡床上，笑着阻止了大家，并和部属一起不拘一格地闲聊清谈起来。此后，人们将南楼称为“玩月楼”或“庾公楼”。此楼位于老城区中心地带，历史上曾多次被毁和重修。现存庾楼是民国年间在原基上复建，为湖北省重点文物保护单位。

庾亮楼很早就是本埠藏书的地方，清光绪年间，武昌县重修《武昌县志》，其刻本中盖有“庾楼藏”字样的藏书印。

第二节 下乡办点、辅导城乡文化站

自20世纪50年代起，无论是独立建制的鄂城县图书馆，还是1961年6月县馆正式撤销被合并到县文化馆的图书室，其辅导工作一直是县其工作重点，此情况一直延续到70年代初期。工作人员与文化馆干部一道，下乡下厂，配合当时形势开展工作就是县馆工作人员的主要职能。

一、县图书馆被列为湖北省重点辅导馆之一

1958年3月，中共八届三中全会通过了“鼓足干劲，力争上游多快好省地建设社会主义”的总路线。1959年初，全国图书馆跃进大会召开，随

之跃进之风刮遍全省。县馆当时仅有藏书几千册，几张破旧的桌椅和 4 名工作人员，条件十分简陋，未能在藏书、读者和图书流通等方面造出大跃进数据，但与全国一样，县馆仍然积极响应党的号召，按照县文化局的统一部署，组织干部到人民公社走访，开展为农业生产服务。因工作有成效，1959 年，县馆被省图书馆列为县级重点辅导馆之一。此时，县馆除成人借阅处长年开放外，还有少年儿童阅览室，每周定期开放，图 3-1 为 20 世纪 70 年代末，图书室管理员正在为读者办理借书手续。但到了 1966 年，“文化大革命”开始，就停止借阅，直到十几年后才恢复开放。

图 3-1　鄂城县沙窝公社文化站图书室管理员正在为读者办理借书手续

县馆除做好图书借阅开放工作外，其重点就是到各公社俱乐部开展普及图书室工作。1959 年，县馆帮助建立农村俱乐部图书馆 11 个，图书室 523 个。

二、农村公社图书室基本情况

20 世纪 50 年代末，为农村农民服务的大队俱乐部在本县开始兴建。1957 年，全县建有农村图书室近百个。1958 年，省图书馆在本县华容区设立了图书流通站。同年 4 月，省图书馆派青年干部阳海清等来鄂城，到县馆重点辅导的华容朱秦大队俱乐部点，指导和帮助朱秦大队俱乐部建设好图书室，其组织的读书活动开展得风风火火，农民参与的积极性甚高。朱秦大队俱乐部的成功做法，在当地起到了积极的示范作用，全公社各个大队俱乐部均仿效其法，大队俱乐部图书室普遍办了起来。

县馆驻点地朱秦大队俱乐部图书室成功建成和全公社各个大队普遍办起的图书室，得到了县领导和湖北省图书馆等上级部门的肯定。由于驻点工作的示范效应和全公社各个大队俱乐部成功办起图书室的积极影响，鄂城县农村、学校和厂矿图书室得到了较快发展。这些图书馆室的藏书一般为 200 册左右，也有藏书千余册的。1958 年，湖北省图书馆为指导和帮助各县图书馆进一步开展为农业生产服务，邀请全省 6 个县图书馆召开座谈会。由于鄂城县图书馆农村文化辅导工作做得比较好，应邀出席，并在会上作经验发言。同年底，朱秦大队俱乐部图书室被评为湖北省图书室先进单位，县图书馆被评为湖北省先进图书馆。

第三节　“遍地开花”、大起大落的图书室

一、开门办馆与大起大落的图书室

20 世纪 50 年代的中国由于“左”的思潮贯穿全国，“大跃进”和人民公社化运动的严重失误，影响到我国各个行业，图书馆事业也出现了不可避免的失误和挫折，其发展规模与国民经济发展失去了平衡，特别是农村图书馆（馆室）发展过猛，国家和群众负担过重，农村文化站流于形式，导致出现大起大落现象。

1957年下半年，鄂城全县建有100多个图书室，农村有97个，其中，有23个与县馆建立了图书流通关系，城区中，有11个手工业生产合作社建有图书室，全部与县馆建立了图书流通关系。此外，有藏书在8000~20000册的县委党校、农具机械厂、工人俱乐部、鄂城县一中等图书室，也都与县图书馆建立了读书活动关系。

1958年2月，中共中央提出国民经济“全国大跃进”，全国各个领域不可避免地出现了不实的浮夸之风。图书馆领域也自然地陷入其中。同年，在全国大跃进、全县大办钢铁的热浪中，县馆实行“开门办馆”，为鄂城钢铁厂、鄂城水泥厂等厂矿企业送书上门。开门办馆虽然好，但数千册图书送出去，服务工业建设后却收不回来，导致总数有万余册常用的图书滞留在外，而图书馆书库因书太少而难以开展正常的借阅工作，严重影响了基础阵地工作的进行。

1958年初，受“大跃进”影响，湖北全省各地图书馆开展普及图书馆室和为工农业生产服务工作，鄂城县图书馆被列为湖北省图书馆重点辅导馆之一。在全省普及图书馆（室）的热潮中，鄂城全县农村俱乐部图书馆（室）迅猛发展，各地都一窝蜂地办起了图书馆（室），其总量达467个。县馆在开展普及图书室工作期间，到公社、进大队，帮助兴建大队俱乐部图书馆（室）。此后，三年自然灾害和国民经济的困难，导致大量的农村俱乐部先后停办。直到1963年国民经济好转后，在调整农村文化机构的基础上，重点加强农村俱乐部建设，农村文化才逐步恢复活动。

1965年，中共中央在北京举行工作会议，主要讨论了1966年的国民经济计划和长远规划问题。中央批准国家计划委员会提出的1966年国民经济计划纲要，强调指出：“省、地、县、社四级党委要把农业放在首要地位”“各地区、各部门必须在继续深入开展社会主义教育运动的同时，掀起一个群众性的增产节约运动。”在这一背景下，县文化部门再度将农村文化工作作为重点，投入力量。此间，县文化馆干部下到基层，帮助恢复和建立了区、镇农村文化站11个，各公社大队普遍建立起文化室，文化室中的图书室再度兴起。但图书购买经费是个难题。这年，县新华书店利用在全县各公社供销社图书发行网点渠道的优势，在农村图书室开展“试验租书”活动。活动的开展，当时在一定程度上解决了农村图书室图书购买经费的困难，使图书阅览成为农村文化活动的一项重要内容。

二、县图书馆基本情况

1958 年 11 月，县馆新馆建成后，除正常开放外，还在馆内设有中心图书陈列柜、读者园地、意见牌、图书内容简介和目录介绍栏。每逢重要节日或政治运动（如“五一”“六一”“十一”，以及反右派斗争、苏联十月革命节等），图书馆都要通过图书内容介绍、举办图书陈列、展览、故事会和召开读者座谈会等方式，来配合宣传。此外，县馆还举办读书活动，以吸引读者来馆读书，如在“六一”儿童节，县馆在 1937 年就建校的新民街小学举行“看图书，讲故事”有奖活动，奖品有奖状、铅笔、练习簿和书籍。

县馆还在全县三个文化站建立了农村图书流动站和农村图书阅览站。在城区，建立了西山风景区图书阅览站，每次有 500～1000 人来这里阅览。仅仅几个月的时间，县馆就培养了基本读者 100 余人，并组织起一支包括工人、干部、学生和居民在内的 23 人的义务服务队伍，而且这支队伍中大多是单位的先进积极分子。

1957～1958 年，县馆藏书多偏重文学书籍，后在读者的提议下，增加了科技书籍入藏的比重。1958 年，县馆藏书增加到 3.4 万册。1959 年，县馆有藏书 5 万册，藏书结构以社会科学类和通俗性读物为主，当时“热门”的书籍有《鄂城县十年建设成就》《农民文化技术读本》《先进做饭法》《毛主席的好孩子刘文学》《王若飞在狱中》等。是年，全省普及图书馆室的热潮仍然高涨，鄂城县图书馆辅导全县建立起图书馆 14 个，图书室 519 个。但鄂城县馆与各地方图书馆一样，在大搞大破大立，开门办馆、送书上门、重用轻藏，日常对外开放工作不可避免地受到了很大的影响。

1960 年，县馆有藏书 7.2 万册，藏书结构仍然以社会科学类书籍为主，政治通俗类读物也占有较大的比例，如《向秀丽》《邢燕子》《跟随毛主席长征》等。社会科学与自然科学图书比例趋于均衡。在做好图书借阅工作的同时，县馆还组织了《青春之歌》等反映时代精神的优秀作品讲座。

在图书分类上，仍然按照《中小型图书馆图书分类法（草案）》分类。目录建设上，由于一直使用旧卡，加之馆舍两次搬迁，出现了书卡不符的混乱现象，在外借中，常出现“有卡无书、有书无卡”的情况。1957

年底，县馆采用新卡，上述情况得以改观。

1961 年，在全国机构大精简中，鄂城县图书馆建制被撤销，馆舍划归县酒厂。

第四节　县图书馆在调整中被撤销，干部深入农村搞社教

一、县图书馆在调整中被撤销

20 世纪 60 年代初，国民经济开始调整，全国进行机构大精简。1960 年底，县图书馆被列入精简队伍之中。1961 年 1 月，中共八届九中全会正式决定对国民经济实行调整，提出“调整、巩固、充实、提高”八字方针。同年，鄂城县文化系统开展了全面调整及精简机构工作，6 月，鄂城县图书馆被正式撤销。藏书和人员被精简合并到县文化馆内，为图书阅览室。县图书馆、县博物馆、县文化馆合并为县人民文化馆（时称“三馆合一”）。县文化馆等单位干部职工由 89 人精简为 60 人。原设在古楼街的图书馆馆舍划拨给县酒厂。县馆撤销后并入县文化馆时，据 1958 年 12 月 1 日至 1961 年 10 月 1 日登记簿登记，此阶段有图书 30938 册，在较多的通俗读物中，主要有革命传统教育书籍《王若飞在监狱中》《继承发扬延安作风》《解放战争回忆录》等。期间年度购书经费约 800 元。该时期乃至“文化大革命”后期少有的开放时间里，因藏书太少，借书证的发放，一般是将一定数量的借书证发放指标分配到单位，再由单位发放给个人。如果有的单位没有获得“指标”，而其干部职工又想看书，必须等待有人退证了，方可补充获得借书证。此后该类方式有松动，一般来馆办证者持有单位介绍信即可办理。

“三馆合一”后，在县文化馆内设图书阅览室，仍然对外开放。原县图书馆人员与县文化馆其他干部一样，常年下乡，作为驻队（又称“蹲点”）干部帮助大队搞生产救灾，组织社员开展文化宣传活动，与社员一同劳动、一同生活。白天劳动，晚上组织社员学习，排练文艺节目。当生

产形势好转后，驻队干部又组织起 40 多人的文艺宣传队，在农村巡回演出宣传达 4 年之久。驻队干部下农村，除完成好文化宣传工作外，还帮助社队建立起文化室，活跃了当地文化，提高了社员的生活情趣。

二、参加社会主义教育运动

1963 年，中共中央在全国农村中进行以“清账目、清仓库、清财务、清工分”（以下简称“四清”，后来扩大为清政治、清经济、清组织、清思想）为主要内容的社会主义教育运动（以下简称“社教”）。该时期，县文化馆图书阅览室虽然也开放，但业务工作上主要抓两点：一是向广大工农兵开放，二是配合党的中心开展工作。文化馆的工作重点多为下厂、下乡、下街道，配合县委开展工作。同年，文化馆抽调干部，成立“社会主义教育宣传队”，分别由原县图书馆领导等带领到农村，以文艺的形式开展社教宣传活动。首先社教宣传队除搞好演出外，还协同公社党委抓好对社员的路线教育，在社员中开展社教运动，增强社员参加运动的使命感和责任感，组织社员学习毛主席著作；其次，对社员进行阶级和阶级斗争的教育，提高社员的阶级觉悟观念，增强社员对“四不清”斗争的坚定性。深入各个大队带领社员与“四不清”的人和事坚决做斗争。在运动中，通过开大、小会等形式，采取忆苦思甜、新旧社会对比方式，讲国史、家史、社会史，发动社员“革资产阶级的命”。县文化馆在积极参与地方“社教”运动的同时，也在单位里开展“四清”运动。最后通过“社教”运动，全馆干部职工受到了深刻的教育，认识到“阶级斗争”的长期性、尖锐性和复杂性。

1964 年，全国文学艺术界刮起“小整风”，这股“风”也刮到本省公共图书馆界。有人认为，图书馆为科研服务是为资产阶级服务，强调图书馆要全力面向农村。而处在基层的县文化馆图书阅览室，更受其影响。“图书馆工作者无论是在馆内接待读者，还是下乡下厂到图书室进行业务辅导，都被‘图书馆是阶级斗争的工具’所束缚，因而只能大力宣传政治思想方面的图书，忽略了其他知识的广泛流通，更排斥为科研服务”①。此后，党中央、湖北省委相继发出通知，要求各地结合社会主义教育进一步

① 湖北省图书馆《湖北省公共图书馆的三十年》1979 年 4 月。

加强文化工作的建设。1965 年，鄂城县委发出指示，要求文化工作者“到水利工地去、到山区去、到文化活动较差的地方去”。根据这一指示，县文化局在县文化馆等文化系统抽调机关干部，将工作重点放到乡镇，深入农村，开展社教运动。县文化馆图书室的干部也“开门办馆”，即走出去，到乡村、到工厂、到工地，服务工农业生产建设。

随着“文化大革命”的全面展开，县文化馆图书阅览室于 1966 年 5 月关闭。

第五节　深入开展学“毛著”活动

一、举办“毛主席著作展览”

20 世纪 60 年代初，全国掀起了学习毛主席著作热潮。1960 年 8 月，为配合形势做好宣传，县图书馆与县文化馆共同举办了“工农群众学习毛著”展览。展示学习毛著典型事例照片和绘画 100 余件，展期 15 天，参观者达 2 万余人。此后还举办了科技图书展览。

1965 年，全国学习毛主席著作走向高潮。10 月 1 日，鄂城县委发出《关于深入开展学习毛主席著作的通知》。为了突出政治，促进人的思想革命化，深入开展学习毛主席著作，把毛泽东思想学到手，县委成立了毛主席著作学习小组。小组规定，每个月的最后 3 天停止办公，集体学习毛主席著作，并建立学习考勤制度，把学习毛主席著作作为政治思想工作的重要内容。县文化馆图书阅览室积极配合全县学习《毛泽东著作选读》（以下简称“毛著”）活动，向广大读者推荐相关读物，城关镇居民读书踊跃，图书阅览室全年接待读者达到 2.86 万人次。为进一步推动全县人民读“毛著”活动向纵深发展，尽到了自己应尽的职责。其间，还配合政治工作中心，组织“台湾概况介绍”专题讲座，组织召开“我的一家”等优秀图书读者座谈会。

二、学“毛著”，办文化室

1966年6月3日，鄂城县委发出关于贯彻中南局《关于深入开展学习毛主席著作运动的决定》的通知。通知要求：各部门、各单位要做到坚持参加集体生产劳动，坚持蹲点，坚持三大作风（理论联系实际、密切联系群众、批评与自我批评）等“八个坚持”；带头学、带头用、带头讲、带头坚持制度、带头实践等“五个带头”；突出以阶级斗争，两条道路斗争之纲。县文化馆积极参与，将此作为这一阶段的主要任务。

1965年，鄂城县农村文艺宣传队在县程潮“四清”（清政治、清经济、清组织、清思想）工作点上举办了文化室骨干培训班，对各个公社大队文化室文化骨干进行培训。其各期培训班的计划是，“每期5~7天、政治学习一天，‘毛著’；每天学习2个小时，其他时间为业务学习”。业务学习的内容有文化室条例、怎样办图书室等。各个地方文化室通过培训后，必须做到“四有”，即“‘毛著’学习小组，有图书组，有幻灯组，有宣传演唱组”。由于宣传队采用“播种”的方式普及群众文化活动，使当时全县各区、公社都相继办起了文化（图书）室。

第六节　再度变迁的县图书馆馆址

一、城隍庙内的县文化馆图书室

1961年6月，县图书馆正式撤销，其人员与藏书并入鄂城县文化馆，文化馆搬迁到城隍庙内。城隍庙位于城区大西门广场北，地处县城关镇政治、文化和教育中心。城隍庙是一个重建于清代末期的古建筑，有1600余年的历史。清咸丰时期和辛亥革命后，太平天国军、北伐军叶挺部等先后驻扎在这里。20世纪30年代前期是县立小学所在地，后为侵华日军鄂城宪兵队驻扎地。抗日战争胜利后，国民政府在这里设立民众教育馆。1949年后，新的文化馆和地志博物馆也设在这里。该庙为两栋砖木结构，有四大厅，并有戏楼（万年台），总面积560平方米，其中活动面积400平方米，居住面积160平方米。其建筑布局完整、结构精巧、雕梁画栋、富丽堂皇。为鄂城抗战时在日军炮火中唯一完整幸存的庙宇。庙宇的戏楼、偏殿和中殿的东厅为办公和干部宿舍用房，其余为图书阅览室用房。城隍庙虽地处闹市中心，但却是闹中取静之地，其古典、幽雅的环境极为适合开办图书馆。尽管总体面积不大，但城隍庙为文化部门所用，实为县里起到了代管和保护这一当时县级文物的作用。这从后来城隍庙被县里划给了县机械厂几年后，其三重大殿被毁两重的令人惋惜的结果可见一斑（见图3-2）。

图3-2　城隍庙后大殿，20世纪60年代初至70年代初为鄂城县人民文化馆图书阅览室

二、十字街县文化馆图书室

20世纪70年代初期，鄂城县建厂开矿，大办工业。与城隍庙仅一墙之隔的县第一机械厂急需扩大生产，城隍庙首当其冲，成为机械厂扩张的极好地方。1973年，县政府将城隍庙划给了该厂。下半年，县文化馆图书室从城隍庙搬迁到了十字街原鄂城县直属机关干部业余文化学校（亦为“百胜庙”即岳王庙旧址，今南浦路十字街口）。该地为县城关镇最为繁华的地方之一，居民密集，商业店铺林立，菜市场沿街设置，每天人车熙来攘往，热闹非凡。县干部进修学校建筑为一四合院形式，原有四大间教室，总面积340平方米，后大部分改造成干部职工住房，仅在院东北角辟出一间教室为县文化馆图书室。图书室里间为书库，外间为阅览室和外借出纳台，总面积约30平方米，环境条件极差。

第四章　恢复独立建制，建设新馆，为经济建设服务（1978～1988年）

经过“文化大革命”的10年动乱，以中共十一届三中全会为起点，拨乱反正，全国进入以经济建设为中心的改革开放时期。20世纪80年代，在国家多项有关图书馆建设方针政策的指引下，图书馆建设火热激昂发展：鄂城县图书馆独立建制；成立鄂州市图书馆，新建馆舍；配合全市读书热潮，市馆积极开展读书活动，组织读者参加全国各类知识竞赛；创办华中师范大学职工中专部鄂州教学班；创办经济实体；市馆成为全市职称改革试点。

第一节　改革开放，县馆独立建制

一、县馆恢复独立建制

1978年2月，中华人民共和国第五届全国人民代表大会在北京召开。在《政府工作报告》的第四部分提到，要“发展各种类型的图书馆，组成为科学研究和广大群众服务的图书馆网”。（《中国图书馆大事记1949～1986》书目文献出版社）1978年3月18～31日，全国科学大会召开，大会制定了《1978～1985年全国科学技术发展规划纲要（草案）》；11月10日至12月15日，中共中央工作会议召开。会议讨论了中央关于从1979年起把全党工作着重点转移到社会主义现代化建设上来等问题；12月18～22日，中共十一届三中全会召开。全会做出把党和国家工作中心转移到经济建设上来、实行改革开放的历史性决策。伴随着经济体制改革，政治、文化和社会事业改革也不断向前推进。1978 年 4 月，国务院以〔1978〕81 号文件，批复了国家文物事业管理局关于图书馆图书开放问题的请示报告。报告批判了“文化大革命”时期奉行的文化专制主义，解放了被长期禁锢的图书。是年，文化部指导省（自治区、市）级图书馆工作的法规性文件——《省市自治区图书馆工作条例》颁布。其中，第一条就指明，省（自治区、市）图书馆是国家举办的综合性公共图书馆，是社会主义科学、教育、文化事业的重要组成部分，是向社会公众提供图书阅读和知识咨询服务的学术性机构，是全省（自治区、市）的藏书、图书目录和图书馆间协作、协调及业务研究、交流中心。中央一系列积极政策的颁布实施，使图书馆迎来了事业发展的春天。

在这一大好背景下，1977 年，湖北省图书馆普及现场会在大冶县召开，推动了全省各地恢复重建图书馆工作的步伐。1978 年 8 月，“鄂城县图书馆重新成立”。原鄂城县图书馆恢复独立建制，为全省首批七个恢复独立建制的县馆之一。1979 年，县馆从十字街县业余干校旧址搬迁到位于大西门广场南端的县文化综合大楼，与县文化局等共处一栋大楼。

该时期，县馆工作人员仅几人，设置有采编、辅导等组，工作上既有分工，又有合作。1984 年下半年，新领导调入后，为筹建新馆，成立办公室，配有一名人员。办公室除担负图书采编工作外，还重点协助新馆的基本建设和馆内其他工作。

1980 年 5 月，中共中央书记处通过了《图书馆工作汇报提纲》，提纲对恢复和兴办图书馆、发展图书馆学教育事业、确立我国公共图书馆事业的管理体制，以及建立图书馆学会和开办图书馆学刊物等方面均产生了积极而深远的影响。1982 年，县馆向上级领导检查《图书馆工作汇报提纲》在基层的执行情况如为厂矿科研服务、送书上门、参加地区业务培训等作了详细的汇报，同时建议将建设新图书馆纳入市政府工作计划之中。

1. 县馆恢复前的基本工作状态

鄂城县馆恢复独立建制前，工作人员只有 1~2 人在馆，其余人员基本上是下厂下乡，配合县委中心工作，到基层开展各项政治运动和下基层驻点，开展文化工作。1976 年 5 月，县馆干部张三育到华容公社五分大队驻点，与农民同吃、同劳动，晚上和工余时间，指导和帮助大队排练文艺节目。更重要的是，积极帮助重建大队中心图书室。图书室图书来源为大队干部群众捐献一些，机关单位赠送一些，大队部自己买一些。通过几方面的筹措，图书室有书刊400余册。没有设备，他们自力更生，动手做了书柜、报架、报夹、桌椅板凳等。在管理方面，由大队党支部副书记，团支部书记分别担任图书室主任、副主任，大队广播员兼任图书管理员。五分大队图书室的重建和具体管理办法，在全公社起到了极好的示范作用，引起了公社党委的重视。五分大队图书室建立后，公社党委及时在五分大队召开了由全公社24个大队参加的现场会，五分大队向与会领导和到会人员介绍了他们的经验。会后，公社相继恢复和发展了一批大队图书室，原有的图书室更加巩固。五分大队图书室为全县各公社大队恢复和新建图书室树立了榜样，当年被评为全县先进单位。1978年，全县约有农村、厂矿、机关和学校图书室120个。而在众多恢复重建的图书室中，尤以沙窝公社干部周宜永所办的文化站图书室效果突出。该室1978年7月创办，有图书1000余册，报刊28种，深受群众欢迎。在其20余平方米的阅览室内，常常座无虚席，每天接待读者少则40余人，逢节假日达百人之多。

1982年9月，中共鄂城县委宣传部召开文化宣传工作会议。会议期间，宣传部组织与会代表分别参观了华容、沙窝、五分、新湾等文化工作开展得较好的文化站图书室。

2. 县馆恢复后的工作

县馆恢复独立建制后，除坚持日常开馆外，重点工作仍然是下乡到公社大队，开展文化图书辅导工作。其间，主要做了如下5件大事。

（1）搬迁新馆舍。1978年8月，县馆批准恢复独立建制。1979年，县馆搬迁到大西门广场新文化大楼，与县文化局、文化馆、博物馆、楚剧团共处一楼。该大楼坐南朝北，为钢筋混凝土浇筑，总面积1900平方米，共二层，图书馆位于一楼东侧。其分区为对外开放、内部办公和单职工宿舍（二楼），总面积286.04平方米，其中综合借阅厅130.60平方米、少儿室22.50平方米、书库72平方米、资料室13.62平方米、采编室12.63平方米、行政办公室18.80平方米、打字室4.80平方米、杂什房11.12平方米。有读者座位50个。1980年，有干部职工6人。大西门广场是全县政治、文化、教育和体育中心，县委、县政府、市三中、西山小学、县广播站等均分布在周围，周边居民也多。图书馆搬迁这里后，读者明显增多（见图4-1）。

图 4-1　鄂城县图书馆综合阅览厅（洪峰　摄）

虽然图书馆搬迁到新馆舍，房间变大了，条件也比以前好了许多，但仍然不够用，仅十几平方米的资料室里堆满了报刊资料。因此，县馆在综合借阅厅中仅设立了农村图书专柜专架和少年儿童读物专柜专架，分别有藏书 4200 册（另有 1835 册在农村流通）、1500 册（见图 4-2）。而综合阅览厅的读者桌椅，则是文化馆、图书馆和博物馆三馆分家时，分给图书馆的破旧乒乓球台和长条靠椅，既占面积，又不适用。

（2）清理家当。县馆的藏书、设施设备以及管理制度等都曾遭到严重的破坏，封存的书籍几次被盗和被群众造反组织所抢，大量的书籍存放无序，有的还长了白蚁，报刊堆积如山，亟待清理。1979 年，趁搬家转舍的机会，馆里集中精力抓图书财产清点工作，清理过去封存多年的图书 8000 余册。对 1958 年以来保存的 20 多种报纸，70 多种杂志按年、月分门别类进行排架登记保存。对已开放的 1.6 万册图书进行了全面彻底的书、卡相对的清点核对，将原来禁锢的图书如《迎春花》《钢铁是怎样炼成的》等整理出来投入使用，对“文化大革命”中损失的图书做好注销手续，读者

图 4-2　1978 年县馆恢复独立建制后的综合阅览厅

和公务目录卡全部重新整理排列。对读者敞开办理借书证。

（3）图书的入藏。在采购新书上，除以订单的方式向当地新华书店预订外，县馆还与县教育局联系，以低廉的价格，购进内部发行的数学、语文等基础文化教材，供读者自修文化课用。同时，县馆还向北京图书馆服务社、上海古籍书店等地和县科委、县农业等部门，预订和征集读者所需的书刊资料。图书加工方面，到馆的新书力争不停滞，及时分编投入流通。对需要工农业技术书的重点读者，不受借书数量的限制，借期可按需要延长。1979 年，县馆藏书增至 2.5 万册，报刊 90 种，全年接待读者 2.4 万余人次。至年底，经常持证到馆借书的读者达 1200 人，是 1978 年的两倍。1980 年，县馆订有杂志 138 种，报纸 18 种，平时每天接待读者百人左右，而在节假日则人流如潮，阅览室内经常是座无虚席。

1979 年，县馆成立地方文献收集小组，开始着手收集本地各类文献。

1980 年 9 月，鄂城县新华书店分别向市、县有关单位赠送《毛泽东选集》，县馆获赠 100 套入藏。

（4）第一次文献普查。1979 年，湖北省文化厅在江陵县召开全省公共图书馆工作会议。借助全国、全省图书馆界的大好形势，县馆对全县各公社、厂矿、机关和学校的图书室作了一次普查。通过普查查明，当时全县城乡建有图书室百余个，在农村，有61个公社、大队建立了图书室。城乡图书室的状况大体可分为三类：一类是有领导重视，有专人管理，有固定经费开支，有较适应的活动场地，如鄂城钢铁厂、省水泥厂、县三江师范、鄂城重型机器厂、程潮铁矿等图书馆（室）；第二类是有领导过问，有兼职人员管理，有一定的经费开支和活动阵地，如县八一钢铁厂、县化肥厂、省属鄂城肉联厂等图书室，及部分科局单位图书资料室；第三类是业余管理，有少量经费，无固定场地，这类多是农村图书室，办得较好的有葛店公社、华容公社五分大队、泽林公社余山下大队、花湖公社阮家湾小队等。县馆对其中一些重点图书室采取送书上门、面对面辅导等方式，巩固和推动这类图书室继续发展。

1979~1980年，县馆加大了业务建设的力度，积极与城区和农村图书馆（室）联系，开展调查研究。1981年，全县22个公社文化站均设有图书室，总藏书达17984册，报纸201种，杂志291种，图书室总面积817平方米，书架26乘；专职图书管理员7人，兼职管理员14人。

（5）读书活动。鄂城县馆主动与县科委，团县委联系，举办科学报告会，邀请全县著名高中物理教师主讲《现代科学技术发展概况》，在全县图书馆（室）掀起了讲科学、学技术、钻业务的良好风气。特别是在各厂矿对工人进行考核的时间里，馆藏有关钳工、车工、无线电等书刊资料全部借空，对需借技术书籍的读者可以不受借书证和借期的限制。针对本县青少年中的吸烟、盲目模仿不健康的生活方式等不良倾向，县馆以故事会的形式，配合全县开展对青少年进行法治教育的活动。县馆工作人员将从报刊上收集到有关智擒罪犯和侦破案件等新闻事例，聘请本县著名曲艺评书演员陈佑安编成故事，在青少年中进行宣讲（见图4-3）。其形式活泼、语言通俗、喜闻乐见，为广大青少年所接受。

1983年9月，鄂城市、鄂城县合并升格为鄂州市，县馆设有综合阅览室、报刊库等，总面积240平方米，阅览座位50个，可投入流通藏书3.83万余册，报刊354种。所藏书中，自然科类工业技术图书比重较大。持证读者1500余人，每年接待到馆读者3万余人次，图书流通7.72万册次。县馆常举办科技专题报告会、读者座谈会、少儿故事会、法制教育讲座，以及解答咨询、办短训班、送书下乡、巡回辅导、办宣传栏、服务效果20例的图书展览等，由于读者服务工作广开生面，影响较好，受到有关单位和读者的赞扬，收到感谢信、表扬稿、锦旗、镜屏等纪念品甚多（见

图 4-3　1984 年六一儿童节，市馆主办故事会，请来市著名曲艺家陈佑安为孩子们讲故事

图 4-4），县科委、县妇联、团县委还特地为县馆捐赠了图书和购书款。在钢材十分紧俏的年代，鄂城钢铁厂向县馆捐赠了可以制作 16 乘书架的钢材，帮助县馆解决因缺书架报刊资料无处存放的困难。

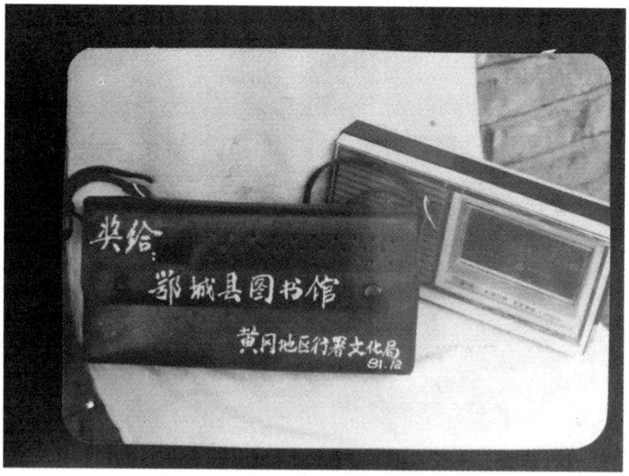

图 4-4　黄冈地区行署文化局奖励县馆的收音机

二、县、市馆交替时期的人员与经费

1. 县馆的经费与人员

1978 年恢复县图书馆建制之初，有藏书 2 万余册，报纸 28 种，杂志 53 种。工作人员 3 人，后陆续增加到 7 人，年度事业经费为 9000 元（包括干部职工的工资、医药费、旅差费和其他杂费等），除去开支，剩下能买书的钱约每月 200 元。由于经费拮据，专门的图书征订目录《中文社会科学书目》都无法订有。进入 20 世纪 80 年代后，经费有较大幅度增加，县馆每月用于购买新书的计划约 300 元，年购新书 4000 册。1983 年 9 月，新建鄂州市，同年底，县馆年度事业经费增长为 2.4 万元，工作人员 9 人。

2. 市馆初期的经费与人员

1984 年 2 月，鄂城县图书馆升格为鄂州市图书馆，工作人员 9 人，藏书 5 万余册（含原有馆无舍的鄂城市图书馆合并后的藏书），年度经费为 2.4 万元；1986 年，年度经费为 3.9 万元。1987 年经费为 5.76 万元。那时市馆已增加至 18 人。1984 年，全省各地市州图书馆开始全面建设新馆。鄂州市在当年率先争取到在省财政支持新馆建设启动资金 10 万元后，开始积极筹备新馆建设。

三、新设备的添置使市馆活力增强

1985 年 10 月，市馆获得省文化厅、省财政厅无偿资助的“友谊牌”黑白复印机一台，创本市公共部门事业单位复印机使用之先。1986 年，全省公共图书馆会议在襄樊市召开，更加鼓舞了全省图书馆人积极发展事业的干劲。在全省图书馆事业得到较大发展的同时，市馆也在争取与时代同步前进。1989 年，市馆新购置“汉超四通打字机”一台。

复印机与“四通”打字机的配备，极大地改善了市馆的办公条件。在新建图书馆的筹备过程中，解决了市馆与省市各方文件资料往来的需要，起到了重要的作用。不仅如此，由于复印机在本地，特别是在商业领域还是极为少见的先进办公设备，在服务本单位工作的同时，还在社会上发挥了极大的作用，而后“四通”打字机在馆服务部的商业化使用，则创全市计算机打字服务市场需求之先。这两项办公自动化设备投入所创造的经济效益，使市馆的工作活力大大增强。

第二节 基础业务工作

传统图书馆的基础业务，主要有图书的采购与分编、藏书建设、读者服务工作等。20世纪80年代末，公共图书馆界对图书馆基础业务控制开始关注，但直到90年代初全国实施第一次评估时，才产生了系列标准和规范。

一、图书的采购与分编

1. 图书的采购

1978年，县馆恢复独立建制时，根据图书馆是为人民大众服务的机构，是人民群众学习的阵地等职能，图书采购大致方针为：按经费调拨指标计划买书，并以采购自然科学图书为主，比例约占60%；尽量充实马列主义毛泽东思想著作；新书的选购以普及通俗性图书为主；积极搜集地方文献，供读者参考研究；采购单位除新华书店外，还须注意向外地以及本县科技、文教等部门或个人订购或征集收购。

在具体实施中，鄂城县馆的图书采购均在县新华书店。主要方式有：一是依据所订的《社科新书目》和《自科新书目》等专业工具性书籍目录进行订单征订，借助新书征订目录、通报书目，新书预告和各种“书讯”，图书馆可以掌握书刊出版动态，及时订购同本馆方针，任务相适应的各种图书；二是到新华书店直接选购、邮购和极少次数地参加省内外书市，在书市上选购，如到武汉选书，通过北京图书馆服务部邮购，向上海、四川等地订购、邮购等。此外，县馆还与县教育、科技、农业等部门联系，以获取优价的图书，为众多的读者，特别到馆自修的读者提供更多的选择。为准确掌握图书采购运行情况，采编人员建立有“图书预订卡”和“邮购图书目录”，以保证新书的及时到馆。1984~1987年，县馆邮购的175种、332册图书，收到率达98%。

由于该时期工作人员较少，所以一般都身兼几职。在图书的采购上同样如此。采访人员在年初，都详细地将上年入藏书刊进行分析、比较，对当前的社会动态、读者的需求进行调查，然后制定计划。其基本原则是：对工具书、连续出版物、大型丛书等着重选订，对一般性文艺书籍等普及性读物少订或者不订，直接在新华书店选购。

2. 图书的分编

1957 年 10 月，鄂城县图书馆新馆建成时起，至“文化大革命”时期，其图书分类使用《中小型图书馆图书分类法（草案）》。1978 年，县图书馆恢复独立建制后，图书的分类依据《中国图书馆图书分类法》（简本）类分图书。20 世纪 80 年代初，县馆还制定了本馆图书分类实用规则，以便更准确地分类图书。此后，馆藏不断增加，考虑到今后的发展，县馆 1982 年开始改用《中国图书馆图书分类法》（第二版）分类图书。对有需要复分的图书，均按照要求，采用通用复分表和专用复分表复分；对有收藏价值、交叉学科的图书采用了仿分，组配复分等。在目录里用互见卡和参见片双重反映，为读书提供多种检索渠道。

图书编目使用《中文普通图书统一著录条例》。所制目录卡片为一书两种，分别为读者分类目录和公务分类目录，后有增加。在对图书的其他加工中，对加盖藏书章的位置、书标粘贴等都有具体要求。如暗藏章的加盖，规定在书刊第 17 页的天头处等。

在县馆恢复建制以及市馆建立后，图书的编目依据全国文献标准化技术委员会制定的《普通图书著录规则》国家标准 GB3792. 2—85 执行，进行基本款目和附加款目的编制。图书的编目为卡片制，每书目录片编制一套三种（张），即书名片、著者片、标题（主题）片。丛书中的子目及一书中的重要篇目另作分析片，以提供多检索途径。与标题相关的则另作参考片。卡片上包括该书的著者、书名、版本、出版地、出版期、卷数、页数、开本等项。

市馆索书号由分类号和种次号构成。由于新书数量逐渐增加，原来的书本式种次卡已经不能适用。1986 年，市馆将种次卡改为卡片式，在原来 800 余种的基础上，重新建立种次卡 2450 余种。

3. 目录建设

1957 年 11 月，县图书馆新馆建成后，建有卡片式和书本式分类目录各一套。20 世纪 80 年代初，目录增加至公务分类目录，读者分类和书名目录各一套。目录柜皆为专业厂家生产的木质 12 屉一组的目录柜，共4组。

1989年，全馆有目录2种（书本式和卡片式）9套，其中公务目录2套，社科借阅处2套（分类、书名各一套），自科借阅处分类目录一套，检索室卡片式分类目录，书本式书名目录各1套、报刊厅字顺目录1套、少儿室分类目录1套。

1990年起，采编部将工作职责按工作流程划分到每个人，责任明确到位，按人定额定量，保证了新书的及时到馆，及时分编加工，投入流通。

二、藏书建设

藏书建设是图书馆的基础工作。本馆的藏书建设自1978年恢复独立建制时起，到1988年4月搬迁到新馆时，可分为两个阶段：1978~1983年县馆时期为藏书缓慢增长阶段。该时期县馆年度事业总经费为9000元，除人员工资以及其他开支外，可用于购书的经费仅200元左右，每月去新华书店几次，每次选购数十册，因此藏书增长较慢；1984~1987年市馆初建时期，为藏书增长较快阶段，该时期在全民读书氛围甚浓、政府十分关注文化建设的大背景下，图书馆工作普遍得到重视，1984年市馆年度事业总经费增长到2.4万元，其中购书经费为9000元，1987年总经费增加到17.70万元，其中购书经费增长到5万元。购书经费的大幅增加，使市馆的藏书建设有了较大发展，年购书量多在2000余种，3000~4000册，新书的增长比县馆时期高了许多。1988年底，市馆藏有图书资料共8.5万册（件）。该时期入藏图书，自然科学和社会科学及文学作品的比例大致为4∶3∶3。同时，还注重了对被人们称为“读书治学的手杖——工具书”的收藏，如《经籍纂诂》等类书以及百科全书、年鉴手册等。这些工具书在20世纪80年代的全民读书热潮和全市各行业部门修志中，起到了不可或缺的作用。

市馆建设初期，对于是否设置保存本，有过不同意见。主张不设置者认为，市馆底子薄、藏书少，能投入流通的书尽量投入流通；主张设置者认为，从读者实际阅读情况看，一些热门书在流行后，有可能在另一段时间再度出现热潮，不作一定量的保存，有可能不能及时得到补充，将影响读者需求。最后，馆领导统一了各方认识，提出本馆目前不设置保存本库，不等于文学等类目不注重保存名著和重点著作、代表作以及有历史价值和社会影响大的出版物，为避免日后出现读者需要查阅该类书籍资料而图书馆没有的窘境，本馆在分编加工上述类图书、特别是分编加工优秀长篇著作时，抽一册入库存查，其余复本投入流通。

三、读者服务工作

1. 阵地工作

（1）基本服务方式。开放时间，1978 年县馆恢复独立建制后，开放时间为每周周二和周三，周五至周日，每周四为闭馆政治学习和内部整理日，周一为闭馆休息日。1985 年，市馆增加了开馆时间，取消了历年规定的每周一闭馆休息、周四政治学习和内部整理的老规矩，每周增加开放时间达 56 个小时。这一开馆时间持续了数年后，仍然恢复了周一全馆闭馆休息的规定（至今仍如此），周四闭馆政治学习和内部整理这一作息时间，直到 1987 年才取消。借书证的办理。较之“文化大革命”及前期，借书证的办理宽松了许多。这既得益于改革开放，也缘于图书有了增加。凡有意办理借书证者，凭单位介绍信即可。凭借书证可以借阅图书，也可阅览报刊；读者管理。读者在办理了借书证后，图书馆就对其进行“双轨制”管理，即将读者的姓名、工作单位、借书证号等基本信息记录在读者存根上，读者每借阅一次书籍，就将书卡放入其存根上，并同时在存根上做好记录。这种做法，有利于管理员掌握读者的读书方向，也便于从中发现重点读者，以便为其提供重点服务。此外还有“单轨制”管理方式。为达到更好地服务读者的目的，1990 年，市馆外借部还将个人的工作实绩分解，实行逐项打分，进行综合考核。

（2）服务窗口。县馆恢复独立建制至鄂州建市后的市馆搬迁新馆之前，馆内的主要服务窗口仅为阅览室和外借处，均在同一面积不到 200 平方米的场地。在这一有限的空间，县馆想方设法，开辟了以阅览厅为主，图书外借为辅的综合服务功能区。此后，随着少年儿童读者的不断增加，还专门开辟儿童读物专架，把一些少年儿童喜欢的通俗图书和连环画陈列在玻璃书架外，每天至少有 30 多人次借阅，节假日期间小读者则更多。

在这一综合阵地上，除阅览厅有读者座位 40 余个外，图书馆主要还开展了新书推荐、读者读书心得栏和向读者提供剪报等服务。1988 年 4 月，新馆开馆后，全馆有服务窗口 7 个（一楼 2 个、二楼 4 个、三楼 1 个）。

1994年首次评估定级，因服务窗口数量不够，遂在一楼门厅两侧各新建外借窗口一个，服务窗口总数达到9个。2000年，因一楼将要建电子阅览室，加之门厅两侧所建的外借窗口有碍人流出入而撤销。2002年，市馆服务窗口为6个（一楼2个、二楼3个、三楼1个）。

（3）阅读辅导。历年来，阅读辅导是图书馆工作重点之一。1955年，文化部在发布的《关于加强与改造图书馆工作》指示中指出：在开展图书流通工作的同时，应重视读者的阅读指导。县馆积极开展阅读辅导工作，要求管理员熟悉读者、了解读者，多与读者交朋友，在思想上树立"为读者找书，为书找读者"观念，以尽量满足读者的需要。在具体方式上，一是做好新书的宣传工作。每有新书到馆，就将其书目予以公示，提前通报给读者；二是向读者推荐所需图书，特别是向重点读者推荐；三是举办图片展览，这是县馆时期一种最为主要和最常用的方式。图书馆结合各时期不同情况，提前将向新华社等出版单位预订的图片向读者推出，此种宣传辅导阅读形式因图文并茂而最受读者欢迎；四是编制书目（报刊）索引；五是主动解答读者在读书过程中遇到的疑问。此外，还采取办黑板报、读者园地、开展书评等方式，将时事新闻、读者读书中遇到的问题，读者读书的心得体会等及时地向读者公布，利用《征求读者意见表》了解读者的阅读倾向，从而多方面做好读者的阅读辅导工作。

（4）剪报服务。市馆要求，负责报刊管理的工作人员在工作之余，还需要选择一些以时政大事、故事连载等为主要内容的文章，将其剪下后集中粘贴在本子上，提供给读者阅读。此方式虽然简单，但也多少增加了读者阅读的品种，很受读者欢迎。1981年，市馆阅览室工作人员对报纸上连载的大众时政热门文章和小说、故事等进行剪贴装订成册，如《怎样看待我们的社会》《怎样度过自己的一生》《新婚姻法学习问答》《江城风云》等8种，受到读者的欢迎和赞扬。

此后，剪报的内容更加丰富多彩和更具专指性。如根据馆重点读者的需要，在一个时期内，专门收集某一方面的资料，经过剪贴后提供给读者。如专为市委政策研究室剪辑的各个地方新闻媒体发表的有关鄂州社会各方动态的报道等，就大受欢迎。此项工作一直延续到了21世纪初。

（5）为科研生产服务。县馆时期，图书馆就十分注重为科研生产服务，在综合阅览室设有"农事咨询处"，并经常向县科委、县农业局等有关领导和部门请示和了解服务重点，定期走访了解重点单位。认真贯彻落实湖北省文化厅关于公共图书馆服务经济建设专题会议精神，积极参与“科技兴农大合唱”。1981 年，县汽门挺杆厂转产后，经常到馆查找有关技术资料，县馆工作人员在了解到他们的需求后，主动代为查找，先后 13 次派专人送去他们所需要的资料。1982 年，该厂取得了 10 个项目的 19 件技术革新成果，产值比以前有大幅度的提高。厂技术股的负责同志专程给县馆送来了感谢信，并两次写稿到县广播站和湖北日报社，赞扬县馆。1982 年，鄂城钢铁厂种植了大批进口树苗，由于缺乏科学管理，绝大部分树苗因虫害致死，1983 年钢铁厂特地派人来馆，要求给予图书资料上的帮助，以解决病虫害的问题。市馆将此列为专题服务范畴，多次派人将查找出的病虫害的技术资料如《苗圃知识》《树苗的培养方法》《树苗的科学管理》和《怎样防治树苗的病虫害》等送到他们手中。他们通过学习，反复实践，不但治好了树苗的病虫害，同时还掌握了树苗病虫害的预防方法，从而保证了苗木的健康成长。1983 年，县供销社为编写职工培训教材，需要借阅大量参考资料，市馆工作人员除了在馆内查找外，还多次向省图书馆邮借，帮助他们解决资料不足的难题，他们向县馆赠送锦旗表示感谢。

（6）改闭架借阅的方式为半开架、开架方式。县馆时期，图书馆不仅将有限的场地运用到极致，还想方设法将书刊处原为闭架借阅的方式改为半开架借阅。（一种将书置于木柱玻璃隔板书柜，书脊朝外，由读者通过书脊上的书名选择自己所需要的图书，再由图书馆管理员取出给读者的方式）这种形式既方便了读者，也减轻了管理员的劳动强度。此后该方式也为本县多数厂矿图书室参照使用。1980 年，县馆专门定制了一批书架，对一部分科普读物和自学丛书以及新到的优秀文艺小说，实行半开架展示，很受读者欢迎。1985 年，根据上级要求，市馆将阅览室报刊实行“全开架”（由读者自己选择图书报刊阅览）、图书外借“半开架”服务。该方式的实施使读者借书变得更加便利，打破了自图书馆开办以来基本上采取封闭式管理的“闭架”服务方式（见图 4-5）。

1987 年 3~5 月，市馆试行报刊杂志的全开架借阅，更是大受读者欢迎。但在实施之初，囿于部分管理员认识不到位，还是遇到了一定的阻力，其口头上认可开架方式，实际上持怀疑态度，主要是担心开架后，书刊丢失会被追究责任。对此认识，馆领导组织大家学习有关文章，学习外地开架管理的经验，从思想上消除管理员的顾虑，从而保证了开架方式的实施。而后的发展也证明这一方式是正确的，是利于读者的好方式。全开

图 4-5　20 世纪 80 年代中期至 90 年代末，市馆流通部门的自然科学图书半开架外借处

架借阅的方式不仅方便了读者，提高了读者阅读报刊的积极性，提高了报刊的利用率和工作人员服务的效率，同时也大大地减轻了工作人员的劳动强度。

（7）读者座席。县馆时期，由于阅览厅面积太小，读者座席仅 50 个。1988 年 4 月市馆新馆开馆后，1~3 楼的阅览大厅、少儿室、检索室和自修室共设有读者座位 300 余个。一楼为阅览大厅，以现报现刊均采取全开架、读者以“代书板”取报刊的方式服务。但因报库也设置其间，挤占了阅览面积，仅有阅览席位 40 余个。随着读者的日益增长，短短的几年，阅览大厅现有的座位已远不够用。为扩大阅览场地，以满足更多读者需求，市馆动员全体人员，将一楼的报库搬迁至四楼，将阅览厅座位总量增添到 80 余个，基本满足了读者的需要。但在二楼的流通部门，新馆开放初期则未设置阅读座位。20 世纪 90 年代后期，自然科学外借处因半开架才设置有少量阅读座位。社会科学外借处在稍晚几年后才设置阅读座位。而原设在三楼的自修室因无书刊的支持和使用率低而改作报纸库房。

2. 馆外流通点的建设

20 世纪 70 年代末至 80 年代中期的市馆时期，馆外建立的流通服务点主要有市民政局老干部休养所、市公安局看守所、市司法局劳动改造独立大队入监队等单位。市馆坚持每月送书上门，少则两次，多则三四次。每次都用自行车驮着一个用铁皮制作的大箱子送书。这种上门服务的方式受到被送书单位、特别是休养所老干部们的欢迎。而在 20 世纪 80 年代初送书到公安司法部门的举动，成为全省图书馆界送书到监狱的开创之举（见图 4-6）。时《湖北法制报》《武汉青少年报》《鄂州报》等都作了报道。

图 4-6　市馆工作人员田雪梅（右）、江新梅（中）送书到监狱（洪峰　摄）

3. 少儿读者工作

20 世纪 50 年代，县馆就设有少儿阅览室，每周定期开放。70 年代末至 80 年代初的县馆时期，为满足少年儿童对书籍阅读的渴求，均免费为其办理借书证。县馆在综合借阅大厅仅有 180 余平方米的狭窄场地，设立了少儿读物专柜、专架。随着少儿读者队伍的不断壮大，仅有的少儿读物专柜、专架已远不能满足他们的阅读需要。特别是每当寒暑假时，小读者挤满了阅览室。为了满足他们的阅读需求，县馆就在学校放假期间借用临近学校的教室，作为阅览室。1982 年，县馆腾出了一间 20 余平方米的职工宿舍，开辟了少儿阅览室。后又利用图书馆内的走道、门厅，并压缩本已十分狭窄的办公室面积，挤出了约 10 平方米的地方专门供少儿阅读。县馆每年还利用青少年的节假日，举办报告会、故事会、诗歌朗诵会、智力竞赛等“红领巾读书活动”。为使更多的少年儿童到图书馆来阅读，县馆还积极寻求社会支援，先后到团县委、县妇联、县科技协会等部门，请他们为少儿读者捐资捐书。因少儿读书工作成绩出色，1984 年，市馆被评为全省少儿工作先进单位。

1984 年，市馆再次扩大少儿借阅室，总面积约达 30 平方米，座位 20 个，适合少年儿童阅读的期刊画报 10 余种。1988 年 4 月迁入新馆后，少儿综合借阅厅面积 64 平方米，座位 20 余个，藏书 800 余册，报纸、期刊画报 50 余种。2002 年，少儿借阅厅面积发展到 190 平方米，座位 60 余个。藏书由建馆之初的 800 余册发展到 1.3 万册。1998 年，成立市少年儿童图书馆，与市图书馆共一套班子。自 1983 年开始的全国性“红领巾读书活动”后的 20 多年，每年的“六一”儿童节，市馆主办的少儿故事会、诗歌朗诵等成为少儿读书活动的一个保留节目。少儿馆共举办故事会、诗歌朗诵、有奖竞猜、百科知识竞赛、演讲比赛、少儿歌舞、少儿读书征文等活动 200 余项（次）。2002 年被授予湖北省科普教育基地。

4. 重点读者

市馆在服务普通读者的同时，始终注重对重点读者的服务，为每个重点读者建立个人档案，为他们提供特殊服务：如允许进入书库查找书刊资料，每次借阅图书数量最高可达 10 本，借阅时间可长达 2 个月甚至更长，为他们办理馆际互借、邮借，为他们送书上门等。该时期，市馆涌现了一批在科研、文学等方面颇有成就的重点读者，如市委政策研究室的袁锦华研究员，市社会科学联合会副主席、交叉科学专家万海滨，市重型机器厂工程师钟大斌，世界儿童诗歌比赛国际菲利亚奖的获得者、小学生读者刘倩倩，市青年作家、文艺评论家姜锋青、万崇新、肖友元，市蔬菜专家张济元等。其中，自 20 世纪 60 年代起就在县馆自学、后享受国务院津贴的专家、市公路段副段长邵树人，通过多年坚持不懈的自学，在公路建设领域，克服重重困难，艰难探索，先后研制成功省公路局下达的重点科研课题“集成式远红外路面加热器”“太阳能远红外综合加热沥青装置”，即使后来出国讲学，他依然要来市馆，借上一本袖珍会话手册带在身边；还有市馆的老读者、作家、市审计局高级经济师余耀华，长期从事史学研究，其 72 万字的专著《中国价格史》，填补了中国史学研究空白，2005 年获中国价格理论研究最高奖“薛暮桥价格研究奖”。

四、辅导工作

市馆建立前后，因人手少且大多是新手和场地限制等因素，市馆仅设有几个业务小组，辅导组是其中之一。除做好本馆书刊的采编、内外宣传工作外，在业务辅导上，重点对农村文化站、县八一钢铁厂、县邮政局、市职业大学、市第一中学、市总工会等图书馆（室）开展业务辅导。

1979~1980 年，馆辅导组多次到县各公社文化站，走访大队图书室，了解情况。期间在公社党委和大队团支部的支持下，帮助恢复和重建了华容公社五分大队、何庄大队、白浒镇图书室，泽林公社团结大队、陈桥大队，左岭公社砖瓦厂，花湖公社阮家湾大队等数家图书室。其中有 4 个小队也办起了图书室。

1980 年，县馆召开了 15 个公社文化站站长和 5 个公社文化站专职图书管理员座谈会。座谈会上，对当年农村文化站图书室工作进行了全面总结评比，表彰了先进，奖送了图书。此次会议的召开，极大地鼓舞了农村文化站办图书室的热情。

1981 年底，在全县 24 个公社中，仅 16 个公社（场、镇）建有图书室。1982 年底，已经发展到全县 24 个公社（场、镇）都建有图书室。为加强农村精神文明建设，发展农村图书室工作，促进农村图书网建立，同年 5 月中旬，县馆在华容公社文化站举办了为期三天的基层图书室管理员训练班，学习省、地领导对图书工作的指示，讲授图书管理业务方面的基本知识（见图 4-7）。全县有 14 个公社图书室管理员参加了学习。1985 年，鄂州全市已有城乡图书馆（室）53 个，藏书约 18 万册。

图 4-7　1982 年，鄂城县图书馆馆长张三育（左二）在梁子湖区文化站辅导图书室管理员

1988年4月，新馆开馆后，辅导部成立，配有工作人员2人。其业务辅导工作主要分为馆内业务辅导培训和对社会图书馆（室）管理人员培训。辅导部为本市机关、企业和乡镇图书馆（室）提供专业辅导，培养了一大批业务骨干，协助建立起众多社会图书馆（室）。该时期市馆的辅导工作重点在城区的厂矿企业图书馆（室）。其中，鄂城钢铁厂工会图书馆、鄂城钢铁厂党校图书馆、鄂城重型机器厂图书室、县八一钢铁厂图书室、鄂城造船厂图书室等，是市馆辅导人员常去的重点辅导单位。帮助建立起市麻纺厂、市食品厂图书室。1980年，市馆举办了两期基层图书室管理员训练班。培训班学员通过培训，扭转了一些图书室以前不问需要盲目采购、保管不善和分类编目各行其是的混乱现象。经过培训后，基层图书室管理员都基本上能按《中国图书馆图书分类法》（简本）对书刊进行分类。培训班的举办，有效地提高了基层图书室管理员的管理水平。

据不完全统计，20世纪70年代末至80年代初，社会图书馆（室）较之此前，由9个发展到50多个，在农村，基本上达到了每个公社有文化站图书室。城市中机关、厂矿、学校等以及农村图书馆（室）共有藏书4.2万册。在全民读书大潮的推动下，城市中相当多的单位和企业建立了图书室。1979年，县八一钢铁厂创办了图书室，1981年，有藏书5300余册，杂志27种，报纸6种，发放借书证447个，全年接待读者2.4万人次，图书流通3.6万册次，并多次举办读书活动，培养出获得世界诗歌比赛大奖的少儿读者刘倩倩。1985年4月，市馆进行了一次调查。调查采取发放调查表和重点走访相结合的方式进行。根据对全市农村和城区社会单位图书室的重点走访抽查，时全市26个农村文化站均建立起图书室，共有藏书18640余册；在抽查的11个大中型企业、7个学校和5个机关图书馆（室）中，有藏书117801册；该时期，市馆共举办图书馆专业培训班7届，培养出乡镇、厂矿、机关和学校图书室图书管理员130余人。

至1985年底，全市共有图书馆（室）130余个，专、兼职人员150余人，藏书19.4万册。

五、干部职工业务培训

20世纪80年代，全省公共图书馆继续教育与培训工作进行火热。80

年代初期，因职工多为新人，馆龄普遍不足 1 年，为提高大家的图书馆基本知识和文化水平，县馆组织职工，以《基层图书馆工作方法》为主要教材，从弄清图书馆性质、方针任务开始学习。在方法上，以自学为主，互教互学。1 人负责政治学习，1 人管理业务学习，每月小结一次。在文化学习上，馆里还聘请了县一中语文名师曹祥征到馆，为大家授课。1984 年 2 月，鄂城县图书馆升格为地市级图书馆后，更进一步加大了对现有人员的培养力度，以应对即将到来的市图书馆大发展。同时还制定了相应的奖励措施，如对于参加继续教育的人员在学习时间安排上予以保证，在工作安排上减少工作任务等。适逢武汉大学图书馆学系将在全国招收函授专修科学生 600 名，市馆抓住机遇，积极准备，一方面向黄冈地区有关部门报考（鄂州此时虽为地级市，但因为刚建市，许多事情仍然由黄冈地区办理）。另一方面组织馆里青年职工利用工余时间复习文化课。经过几个月的努力，1984 年，在全国有 4870 人，包括全黄冈地区 37 名考生在内的参加报考的考生中，黄冈地区有 4 人被录取，其中鄂州就占有 2 人（市馆 1 人，市总工会图书馆 1 人）。同年，市馆对招收和新调入人员进行文化基础考试和业务培训。4~8 月，市馆利用每周周四闭馆政治学习和内部整理的时间，组织全馆人员参加业务自修培训班。在学习培训方式上，市馆采取以能者为师的办法，由张三育、江新梅、田雪梅等老同志和参加过地区图书馆业务职称学习的同志，分别承担《图书馆学基础》《图书分类编目》《中文工具书及其使用》三大基础课程的讲授任务，通过平日考核和结业考试，培训班人均分数在 80 分以上。

1985 年，市馆对因建新馆占有土地而招收的 6 名新职工进行了文化测试。1986 年，湖北省文化艺术干部学校在全省招生，市馆送汪德林和江淑君报考。在全省被录取的 49 名学员中，他俩以名列前茅的成绩进入省艺术学校图书馆专业学习。两位青年平时在学校努力学习，寒暑假则回来帮助馆里工作。汪德林在学校还先后被评为“创一流，做表率先进个人”和“三好学生”，江淑君被评为“三好学生”。

1987 年，为提高全馆干部职工，特别是新职工的业务水平，市馆成立了教学组，再次开展业务培训班。教学组由程少舫负责，主讲老师有程少舫、江新梅、沈国祯、樊小庆、夏玲华。3 月 26 日，培训班正式开课。所开课程主要有图书馆基础和政治理论共两类、四门。学习时间为每周四，全部培训于 4 月 30 日结束。

1989年6月，武汉市文化用品批发公司光电站举办“四通打字员培训班”，市馆派周志超参加。同年10月，市馆组织专业学习，学习的主要内容有《图书馆工作概论》《读者工作》等。学习结束后进行了考试，学员成绩普遍良好。1990年6月下旬，省图书馆结合《中国图书馆图书分类法(第三版)》出版发行，举办为期20天的“图书分类、主题编目”业务培训班，市馆派沈国祯、夏玲华参加学习。

第三节　大兴读书之风下的读书活动

一、馆办活动

20世纪80年代初，在全社会“振兴中华”、建设国家的大氛围下，举国上下掀起一股强大的学习热潮。那时，高考已经恢复并已走向正轨。在尊重知识、尊崇文化的春风吹拂下，人们刚刚从对文化的压制中解脱出来，常年单一重复的样板戏、革命题材的图书让人们处于一种饥渴阅读状态之中。由此在全民中产生的文学热、哲学热，把人们推进全民阅读的时代，卢新华的《伤痕》、刘心武的《班主任》、蒋子龙的《乔厂长上任记》，以及西风东渐下的海德格尔的《存在与时间》、阿尔温·托夫勒的《第三次浪潮》等西方现代和古典名著，在当时产生了巨大影响，是图书馆里借阅率最高的图书。于是一场在改革开放初期振兴中华的读书活动，由上海工人阶级首创，并迅速在全国展开。

1982~1985年，团中央、教育部、文化部等抓住时机，联合举办“红领巾读书报奖章活动”；1983年，全国总工会倡导，在全国开展振兴中华职工读书有奖竞赛活动以后，湖北省内公共图书馆系统和工会系统的图书馆（室），纷纷采取建立读者协会、联谊会、读书兴趣小组和开展读书自学方法辅导班、开列专柜提供读物等方式方法，组织全民积极参与读书活动，一时间图书馆常常是读者满堂，一座难求。

在这一背景下，市馆除鼓励馆里团员青年积极参加市里举办的读书活动外，主要是以增长群众知识、提高读者文化水平、办好“没有围墙的大学”为己任，举办了多项读书活动。1983~1984 年，市馆与延安小学等学校联合，在学校中开展“红领巾读书报奖章活动”；1985 年，市馆举办“第三届有奖百科知识竞赛”，全市有 22 所中学 2000 余名中学生参加，有 12 所中学的学生获奖；同年，市馆还承办全市《美术书法作品展》，共展出美术书法作品 50 余幅。1986 年，市馆举办“同龄人的心声——《少年犯》影评及观后感”，参加活动人数达 130 余人，收观后感 90 篇，共评出特等奖 1 篇、一等奖 1 篇、二等奖 5 篇、三等奖 10 篇、鼓励奖 8 篇。此后几年间，市馆还先后举办了“迎春知识竞赛”“学英雄少年百科知识有奖智力竞赛”、迎接“六一”读书知识竞赛、召开重点读者座谈会，与市公安局、市司法局联合举办被监禁人员读书心得征文等读书活动。

图 4-8　市馆团员参加由团市委举办的读书活动所获奖章

1985 年，在全民阅读热潮中，国内各种形式的知识竞赛此起彼伏，诸如由中国青年报社、工人日报社等举办的知识竞赛，还有鄂州报社在1月举办的“知我家乡，爱我中华知识百题有奖竞赛”等，吸引了本市众多市民参加，每天有上百位读者涌向图书馆。市馆除鼓励本馆干部职工参加活动外，还积极指导和组织广大读者参与，制定相应的服务措施，及时将工具书和有关资料集中，设专架陈列，供读者查阅，尽力做好服务读者工作。两年间，接待了参加全国全省和本市举办的各项知识竞赛的个人和集体读者约 8000 人，查阅相关资料 8.3 万册次，为参赛者解答试题 1300 余道。其中，市粮食系统职工严家华在全国总工会举办的“职工读书竞赛”中，荣获二等奖，市建筑设计院职工张永刚在《中国机械报》举办的“现代科学知识征答竞赛”中，荣获一等奖。在市馆组织的市建筑系统职工参加的，由《建筑工人》杂志社举办的“第二届读者阅读奖考评活动”中，市第二建筑公司团小组，获集体二等奖，陈立、周志勇等 7 人分获一等奖和三等奖，刘京怀、王钢获鼓励奖。由于市馆读书活动有成效，副馆长张三育撰写的《积极配合振兴中华职工读书活动、促进图书馆服务质量的进一步提高》专题汇报材料，在全省图书馆工作会议上交流。

二、社会图书馆（室）读书活动

在全国大兴读书之风的良好氛围和本市有关部门的组织下，1983～1985 年，全市职工读书活动积极开展，社会各部门和企业举办有不同类型的知识竞赛活动。1984 年，由市委宣传部、团市委、市总工会等部门联合组织，在全市掀起了读书演讲活动浪潮。其中，尤以市八一钢铁厂工会、市冶金公司工会组织的读书演讲活动为最。1984 年“五一”劳动节前夕，市八一钢铁厂率先举行了鄂州市“振兴中华职工读书演讲会”。演讲会由八一钢厂图书室承办，该室负责人、《围棋报》创始人王振华具体策划。演讲的主题为：向先进模范人物学习，努力读书为国争光。这场职工读书演讲会在厂大会议厅举行。应该厂工会邀请，市馆派张景瑞等参加。演讲会由厂工会主席夏治国主持。演讲会上，该厂小读者，亦即市馆的小读者、世界儿童诗歌比赛“菲利亚”奖的获得者刘倩倩以题为《献给八一图书馆》的演讲开场。此后，有该厂炼钢车间吴梅、备料车间李道炎和一轧、幼儿园、运输、供销等 16 个部门的选手相继上台演讲，她们说，我们这个时代，朱伯儒、张海迪、张舜徽等就是鲜活的榜样，是我们工人的楷模。演讲会取得了圆满的成功，市总工会熊副主席作了总结发言。5 月 12 日，市冶金工业公司举办了振兴中华职工读书演讲会（见图 4-9）。市总工会宣传部曾部长出席。应该公司工会邀请，市馆派员参加。演讲会由公司工会主席朱道治主持，有 10 多位干部职工在演讲会上演讲。

20 世纪 80 年代初形成遍及全国的全民读书热浪潮，在此后的 30 年中，虽然也发起有大大小小的读书活动，但还未见有超过这一规模的。而

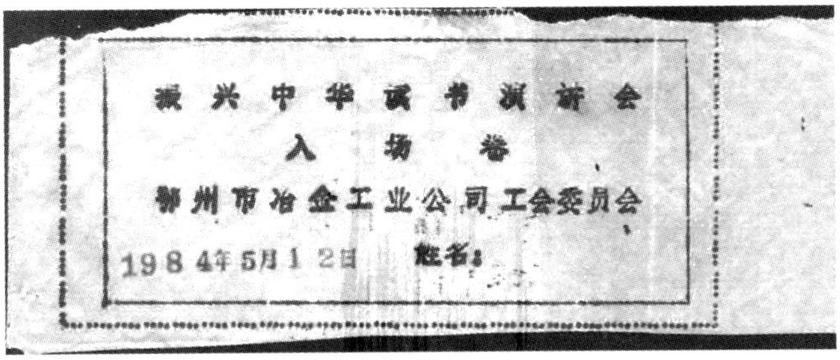

图 4-9　“振兴中华读书演讲会”入场券

公共图书馆在这场读书热潮中的积极作为，也充分发挥了其应有的社会教育等功能。

第四节　新馆舍建设正逢时机

一、新馆建设的启动

党的十一届三中全会后，图书馆事业有了极大的转机。随着经济建设、科学研究和文化教育事业的发展，以及全国风起云涌的群众读书活动，极大地推动了文化建设的进行，图书馆日渐成为人们日常文化生活中必不可少的求知和休闲的地方。人们对图书资料的需求越来越多，要求加强图书馆工作的呼声越来越高。

1983 年，湖北省政府决定在全省地市一级城市建设新图书馆舍。20 世纪 80 年代中期，市政协委员、市馆调研员张三育两次向政协大会提交了关于兴建市公共图书馆新馆的提案。市政协经过研究决定，建议市政府批准建设市公共图书馆新馆。该议案得到了市政府的高度重视，并将修建新图书馆纳入政府工作计划。市计划委员会也在前期进行调研，为建新图书馆提供地址。为全力搞好新馆建设，市文化局将曾负责鄂城影剧院建设的陈国治调入市馆，主抓新馆建设。1984 年，省财政厅、省文化厅下拨新馆的基本建设费 10 万元到账。此后，市财政局下拨建设市图书馆新馆基本建设费5万元，省文化厅再下拨10万元作为建设新馆启动资金。新馆的选址定在城区南面的百子畈村。1985年4月，市委、市政府将兴建图书馆列入全市要办的15件好事之中。

二、土地的征集

20世纪80年代中期的百子畈村，地处市主城区边缘，为市中心向南发展的必用之地，当时已被市公安局、市税务局等多家单位征用，乃紧俏之地。市馆土地的征集，实为艰难。自市政府批准兴建市图书馆新馆后，市馆人员数次上门，与被征地方就每亩土地金额、随土地征收应招收的被占土地工人，以及众多的附加条件、条款等，进行反反复复磋商谈判。1985年初，在经过与被征土地方百子畈村及该村四组、五组、八组和二组多次的、长达4个多月的接触和谈判并初步形成大致意向后，同年4月23日，市文化局分管副局长严三明，市建委邓科长，百子畈村分管土地工作的副主任周启煜，市图书馆陈国治、樊小庆、沈国祯，百子畈村四组组长周克旺等四个小组组长共10余人，在文化局召开了图书馆土地征收会议。会上就各小组被征土地面积、每亩土地的征地费、青苗补偿费、公粮水费、招收土地工人员指标等，作了最终的讨论和协商，定下了意见。后将此意见报分管副市长阮宝洲和市政府计委、建委等部门审定，最终以每亩1.6万元的价格，分二次共征得百子畈村四组、五组、八组、二组土地13.706亩（其中2.5亩为市道路面积），土地征用协议书正式签订。依照协议招收土地工27人，其中6人图书馆留用，其余安排到市商业部门。

三、新馆的设计

1984年，市政府将兴建市图书馆纳入计划后，新馆进入设计阶段。根据市委副书记徐景炫推介，驻武汉的国家计划委员会、国家物资储备局设计所为设计单位，主要设计师有黄友祥、陈文华等。为将市馆新馆设计得科学合理，11月，由市文化局副局长严三明带队，市馆陈国治、樊小庆，设计师黄友祥、陈文华组成的5人考察小组赴重庆、长沙、广东考察图书馆建设。考察结束后，设计单位和市馆分别进行新馆的图纸设计和新馆的土地征收工作。1985年初，基本完成图纸设计。

1986 年 5 月 8 日，市委宣传部部长王性初、副部长湛有恒，市文化局局长吴凤灵、副局长朱秋文、张铭东，市图书馆党支部书记陈国治等到市长周朗溪家中汇报新馆图纸修改方案，请市长最后审定。周市长原则同意此方案。5 月 10 日，湛有恒在图纸上签下“按周朗溪等同志研究的意见办，即资金不得突破 55 万元，并原则同意按修改后的此图纸施工，具体计划，请计委审定，以尽快施工。湛有恒”意见。

征收土地工作和新馆的图纸设计的完成，过程不太顺利。主要原因有：一是市建设管理部门中有不同的认识；二是根据各方意见，图纸设计几番修改导致总体投资超过了 55 万元的预期和时间的延迟。此时全国上下正在对一些部门违纪违规擅自修建“楼、堂、馆、所”进行整顿，在市馆与市建设管理等部门有关手续的办理中，遇到一定的阻力。建设管理部门有人认为图书馆的建设就是“楼、堂、馆、所”中的“馆”，是不应该建的；市馆在艰难、反复的土地征收谈判工作上耗费了大量的时间，图纸设计经过反复的设计和修改，这些难题都使新馆的前期工作进度受到了一定的影响。更加不巧的是，当时全国在地市一级修建图书馆的热潮渐渐退去，尚未动工的地方有被叫停的可能。再不加强新馆建设的力度，鄂州市新馆的建设有可能落空（后来的形势发展也证实了这一点。如起步稍晚的荆门市图书馆，就晚了 10 余年直至 1998 年才新建，成为当时未建新馆的地市级图书馆之一。而孝感市图书馆的情况更加糟糕，该馆直到 1996 年才争取到省里的立项）。经过市领导，及各相关部委主要领导，市文化局、设计单位和市图书馆的共同努力，克服重重困难，终于完成了土地征收工作和新馆的图纸设计。

因此时的鄂州市建市仅几年，各方均需经济支持，新馆的设计方案为一次设计，三期施工。一、二期工程的馆舍设计为两个“7”字形，工程完成后两者合一成为“口”字形，三期工程则为书库。正立面突出部分犹如一本书插入其中。但此后二、三期工程因种种原因而未能实施。整幢大楼的最大优点是空间高（5 米），空气流通和采光好，但其坐东朝西的方位使整个馆朝西面的办公室在夏日饱受高温考验，增加了能耗。

四、施工队伍的选择

在完成新馆土地征收和“红线”划定后，1986 年 6 月 14 日，市馆举行了新馆破土动工典礼。先期工程为修筑围墙，由本市旭光建筑公司承建。依红线划定的范围，施工队在北面建起了一段长 110 米的红砖墙（东、南两面为已经建成的市公安局、市高中建筑）。1985 年 5 月 25 日，由湖北省纺织设计院承担市馆新馆工地静电力检测工地地质情况进场进行地质钻探，6 月初正式开钻。

该时期尚未有“招标”这一现在看来普遍通行的、较为合理的做法。因此，建筑施工队伍的选择，就有很大的不确定性：哪支承建方与建设方接触得多、诚意显示足，哪支队伍就有可能获得工程项目。虽然已有旭光公社建筑队进了场，但并没有确定就一定要由该队伍承担新馆主楼工程的建设。此后有华容区领导与市文化局领导就项目方面的接触。华容区庙岭建设安装公司王经理也在文化局和图书馆等领导面前多次承诺：就是赔本也要建设好新图书馆，为公司创下一个好的名声，打开鄂州的建筑市场。而此时旭光公社建筑队不知何因未见有进一步的动作。1986 年 5 月 22 日，文化局局长吴凤灵、副局长朱秋文、张铭东，科长许宽帜，图书馆陈国治、樊小庆在张铭东家中召开落实图书馆新馆承建单位事宜。最后，会议基本确定由鄂州市华容区庙岭建设安装公司负责承建。

1986 年 12 月，新馆主体工程正式开工（见图 4-10）。

图 4-10　1986 年 12 月 11 日，新馆开工仪式

是年，省财政厅下拨建设市馆新馆基本建设费 10 万元。市财政下拨建设市馆新馆基本建设费 32 万元。

新馆建设期间，国家文化部图书馆司前后两任司长鲍振西、杜克先后来新馆工地视察。1987 年 1 月 5 日，副省长韩南鹏，省教育委员会领导，在市政府副市长阮宝洲、市文化局局长吴凤灵等的陪同下，来新馆工地视察。

1987 年 12 月，由国家计委、国家物质储备局设计所设计，鄂州市庙岭建筑安装工程公司承建的鄂州市图书馆新馆按时竣工。新馆面积 2046 平方米。工程总造价 110 万元。

不足的是，新馆建成后仅仅几年，其西面和北面的屋顶就出现了渗漏情况。特别是西面，每当有大雨或者下雨时间稍长，屋顶就向下渗漏雨水。后经过多次的“三油两布”维修，但始终未能彻底解决好这一问题。

五、新馆的设施设备

由于新馆初建，其设施主要沿用了原县馆时期的阅览桌椅、书架、报刊架、目录柜、自修室用课桌椅、干部职工办公用桌椅。不仅书架需要补充，几乎所有的家具都需要重新添置。是年新添置办公桌 26 张、阅览桌 27 张、报告桌 77 张；目录柜 10 组、铁书架 16 组 48 个、外借用出纳台 3 个、开架书柜 14 个、报刊柜 12 个、阅览椅 298 把、木质代书板（后改为塑料材质）646 个、文件柜 12 张、电话机一部、电铃一个。为图书馆工作开展的提供了基本条件。

1. 阅览桌椅的配备

市馆经过考察，认为华中农业大学图书馆使用的阅览桌、椅具式样比较先进，于是，市馆的布置选择了华中农业大学图书馆的阅览桌式样，以橙黄色为主要基调。为区分不同阅览室的功用，阅览桌式样分别为平面“琴台式”和平面大制式，前者可供 4 人同桌阅览使用，置于自修室，后者可供六人同桌阅览，置于阅览大厅。其制作质量总体较好；自修室用课桌则为普通双人座位桌，无靠背椅。而目录柜则差强人意。由于本地家具制作商无专业水准，所制作的目录柜无正规卡片串条，给后来的目录贯卡工作造成了极大的不便。

2. 书架

新馆搬迁前，馆内的书架有木质和铁质两种。木质书架为县馆时期，甚至20世纪50年代使用过的报刊架，铁质书架则为县馆时期由鄂城钢铁厂无偿援助的钢材所制。新馆开馆后，原有因受馆舍面积、书架少等限制而未上架的图书要上架，现有的书架远远不够用。1988年，市馆迅速在市钢窗厂订购了几组钢制绿色书架应急使用，后又上武汉科学教育器材公司购回一批（10组）钢制书架，基本解决了馆藏书刊的上架问题。

3. 装修

（1）室外装修。新馆的两侧和后外墙均采取一般外墙涂料粉刷装饰，颜色为淡黄色。而西面，即正立面，则为绿色碎玻璃和绿色水刷石墙面。整体上给人一种冷峻、沉稳之感。在正立面突出部分的墙面顶端，有白色塑料泡沫材质制成的“图书馆”三个大字，字体为中国著名书法家舒同字体，其上方为一白色打开的“书”，上书有红蓝相间的TSG字母构成鄂州市图书馆徽标，为市馆职工曹晓凌设计（大楼正立面在20世纪90年代中期和2002年有过两次大的维修改动。改动后的正立面与原正立面外观和色彩均有很大的不同）。

（2）室内装修布置。馆内的装修大部分采取简易刷白装修。仅在会议室以普通的吊顶悬灯。在1楼报刊厅、3楼会议室、自修室等墙面布置上，均采用本市书画家名家胡家恺、夏廷铎等的绘画和书法作品为馆增色，以与图书馆这一文化载体相适应。1988年初，新馆开馆前，市馆聘请了本市画家、文化系统的孟庆忠、江大斌2人，用时近1个月，绘就了1楼正门大厅题为“飞澜无声”的长9.6米、高2.4米的巨幅中国山水画。该画浓墨重彩、气势磅礴、震撼人心。可惜在后来的环境装修改造中该幅画作未能保留下来。

六、新馆的竣工启用

自1988年3月起，新馆开始按照预定计划逐步搬迁，市馆全部家当总共装载了13辆卡车，全部由馆干部职工自己装卸，截至4月9日，完成了新馆的搬迁工作。

1988年4月12日，新建的鄂州市图书馆举行开馆典礼，来自省内共60余人出席。其中，湖北省图书馆辅导部李波代表省馆出席开馆典礼，并赠送市馆《湖北省通志馀》一套，实为一干礼品中特殊而重要的一种。时新馆机构设有采编部、借阅部、辅导部、办公室和开设在南浦路的图书馆服务部。

在新馆开馆的同时，由市馆举办的《发展中的鄂州市图书馆》大型图片展览开展。该展览主要由市馆职工程立新、樊小庆等策划制作布展。展览开展后，仅月余间就有市领导和机关干部、工人、市民和学生等 3 万多人次参观展览。

七、新馆区域分布

市馆新馆的分布与原设计略有变动：一楼原设有采编部，搬迁到新馆后，采编部调整到二楼。一楼有报刊阅览大厅（面积 270 余平方米），有阅览座位 40 余个；少儿综合借阅室（面积 64 平方米），有阅览座位 20 余个。二楼外借部（社会科学与自然科学外借处，总面积 270 余平方米），可藏图书 8 万余册，有综合办公区（总面积 60 平方米），检索室（面积 84 平方米），可藏图书 3 万余册。三楼为老干部阅览室（自修室，面积 130 余平方米），报刊库（面积 130 余平方米），综合办公区（总面积 80 平方米）。四楼为报告厅和综合办公区，总面积为 350 平方米。

八、绿化建设

新馆建成后，馆领导十分注重馆舍周边环境的建设，又适逢全市开展创建文明城市活动。市馆抓住时机，投资 1. 27 万元，在大门前和两旁共植树 1470 棵，主要品种为广玉兰、大黄杨、水杉等。并与浙江树木花卉商联合，采取市馆出场地、浙商出苗木花卉的方式，达到了市馆既不用出资金，又美化了场地的效果。1989~1990 年，又投入绿化资金 2. 5 万元，从浙江购回大量广玉兰、水杉、大黄杨等苗木。苗木运到后，市馆团员青年自己卸装，并种植，期间共种植草坪 500 平方米，植树 2500 余棵。

除广种苗木外，1989 年，市馆新修建了 3 个大花坛，并开辟了面积约 3500 平方米的柑橘园。1990 年，在全市“狠抓城市绿化，尽快绿化城市，掀起一个绿化、美化鄂州的高潮”① 的文明城市建设方针的引导下，又先后投入资金 2.8 万元，新建大小花坛 4 个，种植草坪 500 平方米，大小树 2.5 万余棵，以及新修路面和粉刷墙面。时市馆的庭院绿化面积达 5000 平方米。在政法口评比中，市馆被评为绿化及卫生先进单位。

新馆开馆后整个馆舍置于花木丛中，为读者创造了一个良好的阅读环境。一时间，新的庭院式图书馆，大量新的图书和报刊，使图书馆阅览席位一座难求。

第五节　市馆为全市职称改革试点

一、市馆人员职称情况

1985 年，中国进行第二次工资制度改革的同时，中央职称改革领导小组成立。1986 年 10 月至 1991 年 10 月，我国各类专业技术人员实行职务工资制。这次改革废除了等级工资制，使增资不平衡的矛盾得到缓解，专业技术人员兑现职称工资。因“文化大革命”的影响，职称评定工作中断。1978 年，鄂城县馆恢复独立建制后的几年中，鄂州公共图书馆的职称评定仍未进入正常轨道，县馆 10 余位干部职工中，尚无一人具有专业职称。

二、全市图书馆界职称改革试点

1981 年，国务院颁发《图书、档案、资料专业干部业务职称暂行规定》。4 月 22 日，县馆召开了城关所在地区的省、地、县、市属工厂、学校、机关单位图书室管理员会议，学习国务院颁发的《图书、档案、资料专干部业务职称暂行规定》，以及《关于评定图书馆专业干部业务职称的几个问题》等文件，并结合工作讨论了如何发挥图书资料为生产和科研、

① 《鄂州市文明城市建设资料汇编（第二集）》鄂州市文明城市文明会编。

教学服务等问题。1982年，县馆馆长张三育被聘为黄冈地区图书、档案专业干部业务职称评定委员会委员，负责鄂城区域的专业干部业务职称评定工作。1985年，鄂州市进行职称改革，市馆作为自“文化大革命”后全市首次职称改革的试点单位，在市职称改革领导小组和市科技干部局、市文化局的指导下进行。1987年5月，市文化局职称改革领导小组成立，同年27日，文化局召开全系统各单位负责人及全市图书资料专业人员动员大会，并邀请教育、卫生和总工会等有关部门单位负责人列席指导。6月，局职改领导小组制定《鄂州市图书资料专业职务评审、聘任工作计划》。市馆按照此计划，成立了馆职称改革工作评议小组。组长由支部书记陈国治担任，副组长为副馆长程少舫，成员有市馆调研员张三育，市总工会图书馆馆长王振华，市三江师范学院图书馆馆长王国银。8月，馆职改小组制定了《鄂州市图书资料专业职务评审工作纪律》。

全市图书馆（室）有20余人符合相关职称申报条件。根据局职改领导小组计划，1987年6月25日，全市图书资料系列职称专业首次考试（四门）在市馆综合大厅举行。考题由湖北省统一命题。参加考试人员共23人，其中，市图书馆6人，市卫生系统1人，教育系统5人，厂矿企业等11人。这23人中，报考员级有11人，报考助理级有2人。另有市馆、市总工会图书馆和市第一中学图书室各1人因为具备大专学历，符合《湖北省贯彻〈图书、资料专业职务试行条例〉实施细则（试行）》的评议条件在这次考试中免考。市职称改革领导小组、市科技干部局、市文化局等领导到场监考。7月2日，古汉语（英语）考试在市馆进行，参加人员基本上仍是上次参考人员。1988年5月，市文化局下发了《关于张三育等9位同志具备图书资料文博专业职务任职条件的通知》：经省图书资料高级职务评审委员会评审通过，市馆张三育具备图书资料专业副研究馆员任职条件；经市图书资料专业中级评审委员会评审通过，市馆田雪梅、江新梅、樊小庆具备助理馆员任职条件；程少舫、沈国祯、骆磊明、江淑君具备图书资料专业管理员任职条件。社会参考（评）单位图书馆（室）中，有1人通过考评为馆员，9人通过考评为助理馆员和管理员。

第六节　全面建设基础业务

一、干部职工队伍建设

县馆恢复独立建制后，十分注重对专业人员的培养。1979 年，省图书馆在新洲县举办为期 20 天的全省公共图书馆专业培训班，县馆派江新梅参加学习。1983 年 9 月鄂州建市时，市馆有干部职工 7 人。黄冈地区图书馆举办为期两个月的全区图书馆专业培训班，江新梅参加学习。1984 年底，人员增至 10 人，有 3 人考入了由普通高校招生的图书馆大、中专班学习。此外，馆领导鼓励干部职工自学，还举办培训班，以能者为师的方法对新人开展学习辅导。

1988 年 4 月新馆开放后，市馆全馆人员由建馆初期 1984 年的 10 人猛增至 21 人，其中有党员 5 人，团员 6 人。21 人中，40 岁以上的 2 人，其余大多数为 30 岁以下的青年。在新增加的人员中，仅有夏玲华、罗斌和王雁兵三人具有图书馆大专学历（后两人在一年后因未能调入而离馆），大多数人为其他行业调入。全馆有超过一大半的人员为初、高中学历的青年，且无图书馆专业基础知识。1992 年 4 月 1 日，武汉大学图书情报学院研究生院硕士尹章池到馆报到上班。此后，亦有全日制武汉大学图书情报学院本科毕业生被分配到市图书馆，但这几位毕业生均未有留下之心，各自去了武汉等地发展。尹章池在馆里工作几年后，也因上级部门不能帮助解决其妻子到城里工作的问题，最终调离去了鄂州职业大学工作。直至 2002 年，市馆再无一个全日制图书馆专业的本科生。

为解决大多数人员缺乏图书馆基本知识的问题，加快职工队伍建设，以便新馆开馆后做好各项工作，市馆一方面鼓励大家积极参加社会办学的学习，如参加广播电视大学的学习等；另一方面组织干部职工自学。1987 年 3 月，市馆成立了学习小组，负责全馆干部职工的业务学习。学习小组利用每周周四的时间，为新到馆的人员开讲图书馆基础、读者服务等课程。

新馆开馆后，市馆又与华中师范大学联合举办图书情报中专班、与省图书馆联合举办电大图书馆员证书班等，从多种途径培养干部职工。一系列的教育举措，为市馆日后图书馆事业的发展打下了较好的人才基础。

二、创办华中师范大学职工中专部鄂州教学班

新馆开放后，如何做好服务，对一个刚从县级小馆升级到地市级的中型馆来说，是一个崭新的课题。此时的市馆人员已有21人，图书馆各项业务将全面展开，如何做好服务、搞好图书馆全面基础业务的建设、充分发挥图书馆的社会职能，不仅是一个全新的课题，而且也是对如何办好一个中型馆的一大考验。在此阶段，市馆主要做了两项工作：与市民盟、华中师范大学联合，共同开展对干部职工的图书馆专业基础知识培训；完成对图书馆家底的清理统计及制定出台相关规章制度。

1988年初，民盟鄂州市主委杨景亨来市馆，与民盟鄂州市委委员、市馆调研员张三育讨论民盟鄂州市委、鄂州市图书馆与华中师范大学共同举办图书情报专业班的事宜。经过与华中师范大学职工中专部多次商议后达成。1988年，华中师范大学职工中专部图书馆专业鄂州教学班正式开办，市馆调研员张三育被华中师范大学职工中专部聘为鄂州教学班顾问兼教师，馆辅导部主任田雪梅具体负责教学班工作。教学班成立后立即进行学员招生。同年5月13~14日，华中师大职工中专部鄂州教学班招生考试在市馆进行。报名考生共42人，来自本市以及黄石、黄冈、大冶、新洲、红安、罗田、黄梅等地，实到37人参加考试。最后有21人被录取学习。9月20日，鄂州教学班开学上课。23日，在市馆三楼举行了隆重的开班典礼。民盟湖北省主委、市政协徐副主席、市委统战部、市民盟主委、市委宣传部、市文化局、市教育委员会、市广播电视大学等领导以及新闻记者到会。中专部鄂州教学班授课教师均由市馆资深馆员和具有经过图书馆专业学习的馆员担任。主要任课老师有张三育、江新梅、田雪梅、沈国桢、张景瑞、樊小庆、夏玲华、王雁兵等。所用的教材为广西教育出版社出版的图书馆学系列中专教材，所开设的课程有《图书馆基础》《图书分类》《图书编目》《读者工作概论》《藏书建设》《情报学概论》和《图书知识》等。经过两年的学习，1990年12月，该批学员均顺利毕业。

三、建章立制　清理统计家底

（一）建章立制

鄂城县图书馆，虽然也建有相关规章制度，但对已升格为地市级的图书馆来说，显然是不够也不完善的。1988 年 4 月，新馆开馆后，所有的新进人员都面临如何开展工作的问题。虽然有老同志在各个部门带领着大家做，但多是凭经验而为，工作缺乏相应的标准和量化要求。针对这一情况，经过多次的调查和自我评估，市馆先后修订和新制定出《鄂州市图书馆工作标准》《鄂州市图书馆少儿阅读规则》《图书分编岗位职责》《阅览室章程》等多项规章制度，以指导日常工作。1988 年 10 月，制定了《鄂州市图书馆报刊征定原则》。为全面反映馆里各项工作动态和工作目标的进行程度，鄂州市图书馆还编制出《鄂州市图书馆各部工作进程表》《鄂州市图书馆馆藏布局动态表》等。1987 年 11 月，市馆领导组织（全馆干部职工）对各部室规章制度进行讨论。1988 年，市馆《采编室岗位责任制》《期刊过刊交接登记制度》等初步形成。

（二）清理馆藏

在新馆筹备建设的同时，市馆对所藏书刊进行了几次清理，其目的有二：一是努力提高书刊使用率，二是为搬迁新馆做好准备。

1986 年 3 月，全馆人员，开始对馆藏图书进行清理，书刊逐本逐册地核实查对，剔除的部分书刊打捆封存。增加 5 个新书架，对整个书库的布局进行了调整。1987 年 8 月 10 日，市馆闭馆组织全馆干部职工再次对馆藏图书进行全面清理。清理工作实行分片包干、计量管理的做法，即将全馆工作人员分成小组，每组 3 人，由 1 人担任组长。再将所有藏书按架数分到小组，对各小组实行计量管理的办法，要求各小组必须写出如下数据：① 补了多少册书，补贴了多少张书标；② 改正了多少册异书同号或者同书异号的书；③ 以公务目录为标准，整理读者目录，卡书必须相符，有卡无书者，必须查清去向，有书无卡，查清原因后及时补卡；④ 清理和增补了多少张卡片；⑤ 对错分情况慎重改错，避免再度发生错码。以上这些数据，将作为对各组及其个人进行年终评比的重要依据。8 月 13 日至 10 月 25 日，仅两个多月的时间，就完成了市馆全部馆藏的清理。这次大清理共修补整理破旧图书 22894 册，修补整理报纸图片 4239 册（件），重新装订 2123 件；修补整理杂志 3217 册。通过清理，较准确地理清了馆藏，馆藏图书总数为 64564 册。与此同时，市馆还增编了一套读者目录和一套期刊读者目录，为新馆开放做好了准备。

在这次大清理中，市馆还对 1958~1984 年的图书登记簿进行详细记录存档，共统计出本馆 20 世纪 60 年代以前有藏书 30938 册；1971 年 6 月至 1984 年 12 月登记藏书 32215 册。加之期间剔旧，县馆藏书为 59638 册，亦即县馆升格为地级鄂州市馆时所藏书刊数量。

大清理完毕后，市馆进一步加紧了对书刊的分编工作。

1988 年，新馆即将开馆，从 1 月起，市馆用近 3 个月的时间，闭馆对所藏书刊资料进行整理打包，准备搬迁。

这是有史以来规模最大的清理。这次清理，共修补图书 22894 册，重新装订杂志 2123 册，报纸 4239 册，新编报刊读者目录一套，为新馆开放打下了良好的基础。

1989 年 4 月，新馆开馆后，还进行过 3 次藏书清理工作。这 3 次清理的主要任务是使原来打包在地上一年多的 2 万余册书刊大部分上了架，在清理中，对书卡不符，错号等情况及时作了处理，明确了外借处各类目藏书实际数量，为日后补充新书、调整藏书结构、明确管理人员的职责和方便读者借阅提供了科学依据和保证。同时，还调整理顺了目录卡片，重新组织了目录。

四、配置完善设施设备

新馆建设期间，加紧了室内阅览桌椅、课桌、报刊架、目录柜和办公用等各类家具的定制工作，其家具均为木料制作。这些家具中以目录柜的制作为最难。预订或者购买外地专业厂商制作的目录柜虽然比自己做的质量要好，但其每 9 个抽屉一组的目录柜均在 260 元以上，当时这一价格对经费十分紧张的市馆来说，实在是太昂贵。请当地木工做，虽然价格要低廉得多，但始终达不到应有的质量要求。其中主要是金属串条的问题，而在当时来看，这种金属串条是非专业厂家所不能解决的，厂家将目录柜送达后，市馆只好自己用铅丝制作串条，算是勉强可用。其他报刊架、阅览桌椅等家具一直沿用到 21 世纪 10 年代才结束其使命，为金属报架和新型阅览桌所替代。

1986 年，为延长目录使用寿命，保证其完整性，市馆从浙江购回了一批塑料导卡和卡片塑料护套，将 2 万余张目录卡片全部套上护套，并补足了所缺的目录卡片。1989 年，市馆先后投资 2 万余元，从武汉教学仪器厂购回钢制标准书架 10 组计 50 乘，书立 840 个，以及推书车、活动书梯。此批书架在馆流通部门的社会科学图书外借处和自然科学图书外借处全部安装完成。原老式木质书架转为检索室和存放过期报刊用，始用于 20 世纪五六十年代的报刊柜如图 4-12 所示。

图 4-12　始用于 20 世纪五六十年代的报刊柜

1989 年，市馆从武汉购回“四通 MS 2401 高级中英文打字机”一部，在操作人员经过专业培训后，投入使用。

五、下厂下乡，服务科技

1956 年中共中央提出“向科学进军”的号召，第一次全国图书馆工作会议上“为科学研究服务”的提出，成为这一时期图书馆的服务理念与办馆方针。为科技生产服务，下厂下乡，为当地企业出谋划策、提供书刊资料，是本馆多年来，始终坚持的工作方针。从 20 世纪 50 年代县馆建立以来，到市馆成立，这一方针贯穿本馆工作始终，下厂下乡，服务科技早已成为图书馆的主要工作之一。该时期市馆为做好服务，专门成立了科技部，由专人负责该项工作。科技部人员积极与市科学技术委员会、市科学技术协会、市科技情报所等部门联系，为实施“星火计划”服务、为振兴农村服务。科技部人员下到农村，进入工厂，了解本市企业生产与科研动态，其重点服务对象有市铅网厂、市蔬菜局、鄂城蒲团乡何桥村养鱼场、湖北首家省级开发区——葛店经济开发区等。1988 年，省文化厅举办全省公共图书馆服务科学技术成果展览。市馆经过几个月的策划和组织，积本馆数年为科技服务的成果，从中择优，完成了展牌的布展任务。展牌主要内容有《自学成才的发明家——邵树人》《两本书创收 200 万——市铅网厂整体镀锌成功》《市万亩蔬菜基地喜获成功》等篇章。同年 12 月 20 日，市馆派沈国祯、汪德林 2 人专程将制作的“鄂州市图书馆服务科技成果展览”展牌送至省文化厅，参加全省图书馆科技服务成果展。

1988 年 3 月，为落实中央《关于科技体制改革的决定》，配合市科技重点项目“星火计划”的实施，服务好地方经济建设，市馆成立了“为星火计划服务办公室”，副馆长程少舫任办公室主任，馆科技信息服务部、借阅部和辅导部的负责人任办公室副主任，日常工作由科技信息服务部罗斌负责。为星火计划服务办公室的主要任务是：积极联合市科技部门，进行跟踪服务；根据本市情况，收集最新技术情报，并迅速传递到用户手中；编辑印发《新技术情报》《致富信息快报》等油印简报，免费寄发至市馆科技服务点和企业，为其科研和生产提供参考和定题服务，为领导决策服务。

六、服务特殊群体

聋哑学校的学生、被监管人员等是社会的特殊群体，市馆在服务普通读者群体的同时，也将这一特殊群体纳入为之服务的对象之中。20 世纪 80 年代初以来，市馆就在市民政局老干部休养所、市公安局看守所、泽林劳改独立大队入监队、市聋哑学校等单位设置图书流通点，一般每周一至周二或不定时地将图书送至这些特殊单位。每次送书都用自行车驮一铁皮书箱，内装载图书百余册。这种为特殊人群上门服务的方式，极受欢迎。这项常年多点式的服务方式一直延续到 2002 年左右。市馆在全省率先在监狱设立服务点、为特殊读者服务的做法，被《湖北法制报》《武汉青少年报》

《鄂州报》等报道。20 世纪 80 年代末至 90 年代初，市馆少儿部还将为特殊读者服务这一工作作为重点，多次为市聋哑儿童学校、省水泥厂子弟小学和其他残疾儿童送书，并帮助省水泥厂子弟小学五（三）班荣获全国少工委授予的“学赖宁先进集体”荣誉称号，邹群、周克纯等学生被评为全国“科技少年”。

第七节 “以文养文”，特殊时期的单位经费补贴方式

“文化大革命”后，中国进入了以经济建设为中心的发展轨道，图书馆事业也迎来了一个复苏和繁荣的崭新时期。但与此同时，在改革开放的大潮下，图书馆受到市场经济的无情冲击。1978 年，一种以文化为载体、有偿服务大众的方式出现，俗称“以文补文”。在广东、广西、湖北、安徽、河北等省区，把公社办的电影队、影剧场、体育场等文化设施划归公社文化站统一管理，文化站举办的某些活动可以酌量收费，亦即取之于“文”，用之于“文”，聊补文化工作资金上的短缺。后来这一经验逐渐被推广，并从群众文化事业延伸到剧团、影剧院、图书馆、博物馆、文化馆等领域，随之又出现了“以副养文”“以商养文”“以农养文”“以工养文”“补文”“有偿服务”等多种提法。1979 年夏，湖北全省推行“以文补文”活动。1980 年，中宣部等部门在《关于活跃农村文化生活的几点意见》中，第一次使用了“以文补文”的提法。“以文补文”的形式多种多样，包括编印各种文化科技艺术资料、书画展销等。而这一时期，由于“改放过快，导致货币发行过多、物价上涨、通货膨胀的紧张局面，1984 年下半年经济增长速度过快等因素，又一度引起物价上涨，形成市场紧张的局面，……1987 年又一次通货膨胀。”① 物价飞涨，图书馆事业经费变得更加捉襟见肘，甚至极为短缺。20 世纪 80 年代末至 90 年代，经费严重不足困扰着几乎所有的公益性文化部门，政府鼓励图书馆开展有偿服务、自主创收活动以克服经济难题。为了弥补公共财政的投入不足，中央和地

① 邓加荣. 刘国光传［M］. 南京：江苏人民出版社，2015：121.

方各级政府施行“以文养文”的文化政策。1987 年 2 月，文化部、财政部、国家工商总局在政策上给予文化事业单位全面的支持，专门颁发了《文化事业单位开展有偿服务和经营活动的暂行办法》，允许各地文化事业单位通过正当的经营活动，获得正当的收益，以补充文化事业经费的不足。同年 8 月，中宣部、文化部、国家教委、中科院联合发出《关于改进和加强图书馆工作的报告》的通知（文图字（87）第 864 号），通知提出：图书馆“在搞好无偿公益服务的同时，也可以进行合理的有偿服务”。

以上几项改革政策在一定程度上促进了文化事业的发展。而文化部门已经把开展“以文补文”“有偿服务”作为深化图书馆工作改革、搞好图书馆服务、补充事业经费不足的重要途径，并要求业内人士打破“文不经商，士不理财”的传统观念。图书馆界也大多认为无论是解决图书馆的现实困难，还是为今后发展图书馆事业，图书馆搞经济工作是势在必行的。于是“有偿服务”盛行，搞经营创收作为经费补充成为图书馆的一种重要手段，乃至后来甚至成为有的单位经费来源的必要手段。为达到“创收”的目的，许多图书馆因此投入大量精力进行经营创收活动，甚至将图书馆基本的普通借阅、参考服务列为收费服务项目，不同程度地影响了图书馆日常业务工作，背离了公共图书馆提供免费均等服务的理念”[①]

20 世纪 90 年代初的改革，特别是 1993 年之后，中国开始加快市场化改革的步伐，更坚决地朝向市场经济体制转轨。受大局势的带动，文化部门中的图书馆同样在“以经济建设为中心”的总纲下，在工作中更进一步地推行以与业务工作齐头并进的“创收”工作目标。基于这一大背景，市馆除已在 80 年代末就开始派专人开办纯经营项目外，20 世纪 90 年代中期起，就将“创收”工作纳入日常工作之中，在其后几年直至 90 年代末的各个部门年度工作目标责任制中，馆长主抓经济，副馆长“一手抓经济，一手抓业务（后勤）”“两手抓，两手都要硬”，始终是该时期市馆贯穿全馆工作的重要方针，其“有偿服务”的“创收”工作一直延继续到 21 世纪的 10 年代初。

① 李丹，申晓娟．从评估定级看我国公共图书馆事业发展 20 年［J］．图书馆杂志，2014（33）：7.

一、成立图书馆服务部

20世纪80年代中期起，市馆先后办有图书馆服务部、英语培训班、学前班等。同时，市馆也在业务工作中，将部分热门书刊集中，辟专室开展书刊租借，开展“有偿服务”，以获取经济收益。

1986年7月7日，经过市文化局领导批准，市馆成立纯经营性服务部，取名为“图书馆服务部”。服务部9月5日开始着手筹备。次年1月9日，市馆召开会议，就服务部主营业务和经营人员进行研究。会上决定，除主要经营文具用品和复印业务外，还经营无线电元器件，并招聘该方面的行家方之志等3人来服务部工作，月薪为70元/人。1987年10月1日，筹备已久的图书馆服务部正式开业。服务部位于南浦路十字街东南，原为县图书馆的职工宿舍，面积约80平方米，后因街道扩建，整个宿舍根据城市规划后缩而成为临街房屋，后被市馆改造成为商业门面用房。服务部初创时期有人员4人，均为临时工和新聘请的员工。

图书馆服务部自开业至11月底，其复印、营业两项业务共获毛利4932.07元，获纯利2951.63元。1987年，服务部获纯利10018元。其后一年间，服务部获得纯利25165元，其中仅复印、打字两项业务就获纯利15147元。

由于服务部开办符合市场需求，经营方向正确，开业不久就得到了市场的认可，深受群众欢迎。不少顾客表示其服务质量比其他单位好得多。特别是公安和检察机关的同志均反映很放心，信得过。鄂州市首位律师、市法律顾问处陈琢专门打电话到图书馆表示感谢，称图书馆为社会做了一件好事。鄂州报社、市广播电台专程来服务部采访，并作了报道。

图书馆服务部建立初期，市馆先后委派两位干部负责服务部工作。服务部走向正常运营后相当长的时间里，由该部员工自己负责经营。服务部主要经营文具、电子元器件、书刊挂历以及打字复印服务。为市馆在该时期的主要“以文养文”创收部门。1989年，市馆服务部全年创收2.6万元，其中以复印机创收为主要工具，其年创收2.2万元，服务部销售收入4000余元。

1991年，因市政建设需要，南浦路进行扩大改造，服务部因市政建设规划而拆，1992年底，道路扩建改造完成后，市政还建市馆门面78余平方米。此后，图书馆唯一自己开办、自主经营的图书馆服务部大部分租给他人经营餐饮业，仅留几平方米门面服务点，由市馆职工洪勇带领 4 名职工，继续经营打字复印业。1993 年后，打字复印业交由市馆两名职工承包经营，1999 年该服务点撤销，人员回馆上班。自此，由本馆人员承包经营方式全部终止，所有门面均交由馆外承租者经营。

二、图书出租

1985 年，市馆书刊租金收入 1066.64 元，全馆补文总收入 4107.70 元。1988 年新馆搬迁到古城路后，市馆在二楼开设书刊出租，成立少儿出租室。出租室将当时社会上比较流行、热门、受大众欢迎的如言情、武侠小说，以及保存价值不高的文化娱乐性期刊等约 3000 册，用于出租。后因为经济效益不佳、书刊来源不足等原因，同年 6 月 25 日，出租室关闭。

直到 2002 底，市馆书刊交流中心仍然进行“有偿”服务工作，中心全年创经济效益 4800 元。

该时期除市馆自办经营创收外，还利用空闲场地和社会力量，举办各类培训班。如 1988 年，市馆辅导部与鄂州制衣有限公司联合开办服装裁剪培训班，参加的学员达 40 余人。同年，市馆还利用学生暑假期间，开办了为期近 1 个月的英语培训班，培训学员 20 余人。几个培训班的开办，在一定程度上满足了部分社会青年求知求技需要，也创造了一定的经济效益。

第八节　“艺苑歌舞演艺厅”

1991 年，鄂州改革开放发展势头迅猛，特别是鄂州建立起湖北第一家省级经济开发区——湖北葛店经济开发区后，招商引资等经济活动更是如火如荼。市委、市政府除为各投资外商提供各种优惠政策和良好的投资条件外，还积极寻找合适的文化娱乐场所，以满足外商工作之余的文化娱乐休闲需要。市馆原来的展厅四楼大厅被市政府相中。是年初，市政府投资

17 万元，修建了名为“艺苑歌舞演艺厅”的歌舞厅。舞厅由本市画家苏伯祥等设计，并在较短的时间内组织装修完成。舞厅总面积 240 余平方米，呈长方形，其格局与普通舞厅基本相同：中间为舞池，周边为小包间休息室。舞厅建成后，由市政府相关部门与市文化局、市图书馆共同管理，但主要由图书馆管理，仅限夜间开放。后实行对外开放，其所得收入全部用于舞厅设施建设。一时间，图书馆门前车水马龙、人流如织、热闹非凡。1991 年舞厅建成，接待中央和省、市各级领导 8280 人次。后由于本市其他舞厅的迅猛发展等因素，艺苑歌舞演艺厅逐渐为其他更加豪华的舞厅取代。

2000 年，艺苑歌舞演艺厅改作他用一段时间后被撤除。虽然艺苑歌舞演艺厅有效使用期并不长，但作为为解决当时市政府为外商提供文化娱乐所急需的舞厅场所的景况，建在市馆的艺苑歌舞演艺厅，对于协助市招商引资等经济工作，起到了应有的作用。但是，在需要安静环境的图书馆里建舞厅，即便舞厅只是在晚间启用，但在大多数市馆人心中，始终还是难以接受的。这或许是改革开放早期所特有的，不仅只是鄂州所有的一种短暂的现象吧。

第五章　业务工作步入正轨，参加图书馆评估（1989~1994年）

新馆建成后，各项工作逐步进入正轨。其逐渐夯实的业务基础建设和书籍的大清理，使图书馆服务能力和馆藏有所提升。而后转变思想、打破传统，将过刊投入流通，实行全开架服务；参加首次全国公共图书馆评估定级，市馆被评定为国家二级馆，并在藏书和经费等方面有了显著的增加和提高；市馆顺应时代发展，为本市经济建设，为“科技兴市”做好服务；积极为农村文化建设做出贡献。图书馆的社会功能得到了自建馆以来多方面的体现。

第一节　党、团、工会组织建设

一、党组织建设

县馆时期的前期，馆里无党员。后期及市馆成立之初，有党员1人，其组织生活、组织活动等，与市博物馆一同在文化馆党支部领导下进行。1984年8月，市文化局调鄂城影剧院副经理陈国治任市馆党支部副书记，时共有党员两人。随着人员的增加，党员也有增加，1989年，市馆已有党员7人，占全馆人员的1/3。1986年8月，陈国治升任馆党支部书记。1995年7月，陈国治因病去世。1997年12月，市文化局科长陈家宽调任市馆党支部书记。一年后，陈家宽因病去世。

1999年9月，市文化局科长张志明调任市馆党支部副书记、副馆长。同年9月14日，馆党支部改选，新党支部由张志明（书记）、王兰芬、樊小庆、王冈宁4人组成。时有党员12人。为便于管理，馆党支部将其分为中青年和老年两个党小组。

2002年1月，张志明调出。同年2月，市文化局调文化稽查大队队长李相东任图书馆党支部副书记、副馆长。同年8月，李相东升任馆党支部书记、馆长。时全馆有党员17人。约占全馆人员的37%。

二、团组织建设

1986年前，图书馆无团组织，馆内团员青年活动在文化暨团组织下统一进行。1987年7月8日，市文化局团总支在市群众艺术馆召开全系统团员代表大会，与会代表共25人。团市委宣传部副部长桂耀华，市文化局副局长张铭东等出席会议。经过大会选举产生了由陈家宽、管惠文、许丽、刘国华、樊小庆、张爱军、常毅七位同志组成的团总支部委员会。陈家宽、管惠文分别任正副书记。时市馆团员有樊小庆、张莉、周春芬、周幼坤、严莉、汪德林、江淑君7人，团工作由樊小庆负责。1995年10月，市馆进行团支部改选，根据局团总支10月30日批复，馆团支部由夏玲华（书记）、江淑君（组织委员）、郭丽（宣传委员）3人组成。是年底，市馆团员发展到15人。

三、工会组织建设

1979年9月，图书馆有工会会员6人，为市馆首批工会会员。1985年3月26日，市文化局召开局工会成立筹备大会，会议由副局长严三明主持，市馆樊小庆参加。局工会成立大会定于4月25~26日在市京剧团召开。并定下各单位将出席大会的代表，其中图书馆、博物馆、文工团代表各2名，全局总数50名。

1987年7月，市馆有工会会员12人。此后新进入图书馆的人员均吸纳为工会会员，但无专职工会干部，工会工作由馆领导班子成员陈显清兼管。2000年1月，市文化局干部王冈宁调图书馆，任馆专职工会主席。

第二节　巩固、完善业务基础建设

一、部门设置及其服务窗口变动

（一）部门设置

1978 年县馆重建之初，因人员少、场地有限，所以馆内仅设置有采编宣传组、综合借阅组、辅导组，各组在大致分工的基础上，共同协助完成工作。

1984 年底，为统筹行政和业务工作，并为筹备建设新馆，设立办公室。

1988 年新馆开馆后，馆内机构设置有采编部、借阅部、少儿部、辅导部、科技服务部和办公室。另有地处南浦路十字街口的图书馆服务部。借阅部属有社会科学外借处和自然科学外借处，一个阅览厅，一个报纸资料库；辅导部属有检索室。次年初，科技部与辅导部合并为科技辅导部。

1993 年，馆各部室大调整：借阅部分离，分别成立外借部和阅览部。外借部属有社会科学外借处，阅览部属有阅览厅和报纸资料库；科技部与辅导部分离，原属于借阅部的自科外借处划属科技部管理；采编部属有检索室。20 世纪 90 年代后期，科技部撤销，自科外借处仍然归属外借部。

2000 年，增设书刊交流中心。

2002 年 12 月，市馆机构设为：办公室、采编辅导部、外借部、阅览部、少儿部、信息部、电子阅览部和产业经营部。

（二）服务窗口

县馆恢复独立建制后，图书流通与报刊阅览均在同一大厅内，称之为综合借阅厅。搬迁到新馆后，有服务窗口 7 个，其中一楼有阅览厅、少儿部（综合借阅览厅）各一个；二楼有图书外借处二个，检索室一个，少儿书刊出租室一个；三楼有老干部阅览厅（自修室）一个。1995 年，在二楼增设“景宜书屋”，对外开放。1996 年 9 月，为迎接全国公共图书馆第二次评估定级，市馆在一楼大厅两侧新建综合外借处两个服务窗口。至此，市馆服务窗口总数达 9 个。

此后，服务窗口有变动。1999 年，市馆成立书刊交流中心，中心设在一楼原报刊厅。一楼大厅综合外借处的两个服务窗口撤销。少儿综合借阅厅搬迁至三楼，原一楼少儿部为新建的电子阅览部。

2001 年后，报刊阅览大厅搬迁到三楼，原在四楼的书报库迁至三楼。

2002 年，市馆服务窗口共 7 个，其中一楼有书刊交流中心、电子阅览室；二楼有图书社科外借处和自科外借处、地方文献室；三楼有报刊阅览厅、书库。

二、从检索室到地方文献室的建设

市馆地方文献室为新馆开馆后设置，原称检索室。该室主要功能是存放以工具书为主、精品特藏书、保存本、地方文献和部分过刊为辅的对外开放窗口，内设有阅览座席。此后市馆对地方文献的收集更进一步的重视，2000 年，市馆再次争取到鄂州市政府办公室颁发《市人民政府办公室关于做好地方文献征集工作的通知》（鄂州政办字〔2000〕12 号）；2001 年，市馆在争取到市文联下发《关于做好我市文化文献征集工作的通知》（鄂州文联〔2001〕14 号）后，地方文献的征集入藏量有了显著增加，加之每年固定入藏的过刊，其数量大大超过了工具书等，也还因为该室仅 84 平方米的面积，读者使用不便，故后来检索室更名为地方文献室。

三、调整书刊使用布局

20 世纪 80 年代初，由于馆舍狭小，书刊无法进行更为合理的布局。搬迁到新馆后，一线书库分别在一楼和二楼，报刊资料库在一楼。在各室藏书布局已经稳定的情况下，根据读者的需要，部门之间书刊的调拨调剂，则由业务馆长视其情况进行总体协调，其目的是使市馆为数不多的藏书尽量发挥作用，为读者提供更多的读物。2001 年，囿于传统的“重藏轻用”思想，过期期刊均入报刊库保存。对于捐赠和交流的书刊，市馆指定由采编部门负责办理。采编部视其品种和数量，将其部分调入流通部门，向读者推介。2001 年，市馆书刊交流中心成立，打破了这一守旧做法，将大部分非当月期杂志调入中心，对外流通，大受读者欢迎。

四、借书证、阅览证的办理及借阅证的变化

1988 年 4 月新馆开放后，借书证的办理仍然向社会敞开。任何人只要持工作证或者其他能证明自己身份的证件，即可办理。借书证的押金每个 5 元/年，后升至每个 20 元/年。在每年一次的核审中，读者需向市馆交相应的年押金。1989 年，新增办阅览证，仅限阅览厅阅览报刊。阅览证的办理与借书证的办理基本相同。

除办理普通借书证外，市馆还针对科技、社会科学研究、文学创作等重点读者办理特殊借书证；除办理个人借书证外，市馆还办理集体借书证（见图 5-1）。

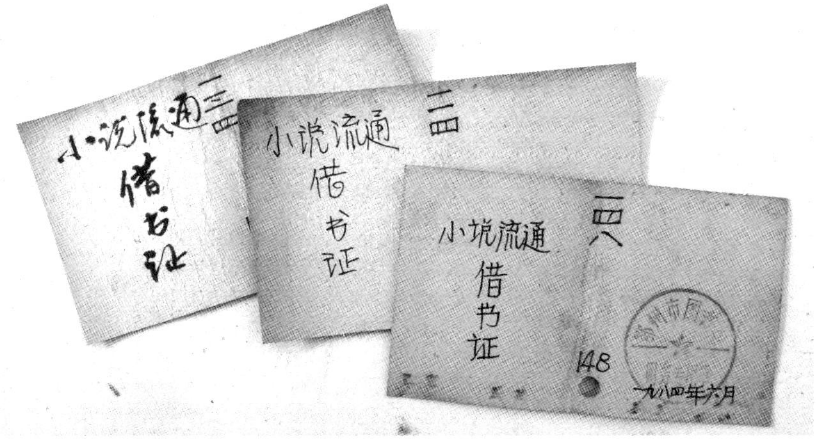

图 5-1　曾经使用过的简易借书证

为尽量满足重点读者所需，市馆还与省馆实行馆际互借。市馆不能满足的，向湖北省馆借阅。

在纸质借书证使用时期，市馆的借书证多为由浙江商人提供。这主要缘于一是本地印制借书证的商家较少，价格较高，且质量难以保证，二是浙江商人所提供借书证较为经济、耐用，20 世纪 80 年代初定购的借书证

为0.18元/个，后最高涨至0.25元/个。其时最早的借书证为深棕色塑料面材质，封面和封底内有海绵衬托，有数页版心可用作记录。1990年9月，原深棕色借书证更换为墨绿色塑料材质借书证，有版心，封面和封底无内衬。1998年，更换为套塑卡片式借书证。2002年后，由于计算机在图书馆的普遍应用，借书证改为电子借书卡，沿用至今。而阅览证则自搬迁新馆后一直使用套塑卡片式。

五、馆外流通点

20世纪80年代初，为扩大服务面，市馆在社会上设有流通服务点，定期将图书送到服务点，为难以到馆的读者送书上门。随着社会的发展和变化，服务点也随之发生变化。20世纪80年代，市馆设在社会上的流通点主要有市民政局老干部修养所、市公安局看守所等；20世纪八九十年代，设有市司法局劳改独立大队、鄂州监狱、市技工学校、市工业学校等。对于这些服务点的送书上门，市馆多以铁皮书箱装载后用自行车送出。此后，流通点有变化，送书上门的服务逐渐减少。

1991年，市馆在业务馆长程少舫的主持下，与樊口街月河村三组老胡共同建立书刊出租点，以扩大读者面和求得更多的经济效益。出租点设在樊口街人流较多的市第二中学旁。书刊出租点的书刊除由老胡自备一部分外，再就是将馆里部分热门书和过刊调到该点，对外出租，出租所得双方按一定比例分成。出租点于当年的5月1日正式开张。但运行一段时间后，因书刊的调动对市馆借阅工作的正常运行有较大影响等原因，双方合作于7月终止。

第三节　文献资源建设

随着市场经济的不断发展和多元化，我国的图书出版业及发行业有了迅猛的发展，而图书发行渠道的拓宽，新学科、新专业的不断涌现，图书馆沿袭传统的文献订购模式，已不能适应馆藏发展及读者阅读的需要。传统的图书订购模式难以保证馆藏图书稳定性等，因而暴露出许多弊端。如书的预订价格与实际定价不符，采访人员仅凭图书简介等预订，易导致图书内容与读者需求之间的差异过大等，而且从图书的预订到新书到馆周期过长，所预订的图书往往不能按时到馆，时效性差。对于市馆来说，还因为购书经费的拮据，所订图书品种多、复本少，因而往往脱订。作为文献资源建设，这是图书馆借阅服务工作的基础，其藏书的结构、质量的优劣，直接关系到图书馆对读者需求的满足程度，也成为衡量一个图书馆读者服务工作水平高低的重要标准，同时也是对一个图书馆图书采购经费使用是否合理的一种检验。因此，文献资源建设历来是市馆重点工作之一。

一、确定书刊采购方针

1984 年 2 月，县馆升格为市馆后，不断地补充新书等书刊资料，以满足读者的不同需求。图书的采购范围和方式在原县馆的基础上，也有了调整，具体有以下五点：①所入藏的书刊首先入藏马列主义的经典、毛泽东著作。此外，鄂州是一座新建的中等城市和新兴的工业城市，书刊的采购应围绕城市发展和工业建设等进行；②加大对地方文献收集的力度，对本地每年出版印行的著作力争收齐；③普通图书的复本量一般为 2 本，热门畅销书籍最多为 3 本；④建立书刊补充目录制度；⑤采购方式以在当地新华书店征订为主，邮购、外出采购为辅。

1996 年，市馆成立了图书采访委员会。采访委员会由分管业务的副馆长任主任，各部门主任为委员，旨在加强对书报刊采购方针执行的正确性。在实际操作中，采编部门依据《社科新书目》和《自科新书目》等，将初步圈定的目录提交给采访委员会，在各委员审阅后，再交主任委员审定，最后由采编部门向新华书店报订。

二、藏书来源

（一）书店、书展上选购

市图书馆成立后，新书的补充基本沿用县馆时期的方式进行。馆采编部门依据《社会科学新书目》《自然科学新书目》《古籍图书目录》等工具性书目进行选择预订，然后将所选定的图书填写订书单后报送本地新华书店，由新华书店负责组织回所订书籍。除预订外，馆采购人员基本上每月还要上新华书店选购几次，以保证新书的及时补充。购书款项的结账均以支票的方式进行。

此后，除依据书目预订、直接从新华书店选购外，还采取邮购、代购和索取赠书等多种方式补充新书，市馆与全国 18 个省市出版单位取得联系，还参加大型书展、图书交易会等，直接在书展和交易会上购进新书，如参加 20 世纪 70 年代末在江苏扬州、20 世纪 80 年代初在上海举行的全国书展等。

（二）书市选购

随着改革开放的深入，图书市场也发生着极大的变化。市馆除继续保持与新华书店的订单购书外，还借助与武汉市接壤的有利条件，变外出参加书展购买的方式为到大型专业图书市场或武汉大书店购买的方式。20 世纪 80 年代末至 90 年代中期，市馆除在当地新华书店订购选购新书外，还不定期地到武汉武胜路新华书店、江汉路新华书店、古籍书店等大书店购书。90 年代后期，由于武汉相继新建有大型图书城，市馆将采购新书的重点放在了书刊聚集地的武昌湖北图书出版城、汉口图书大世界等两家图书批发市场。2002 年后，市馆新书的补充来源已完全与当地新华书店、书展、邮购等方式脱离，新书的采购全部委托本市个体书商办理，市馆采购人员随同其在上述两个图书批发市场购买。

（三）调拨与交流

图书馆图书调拨的情况极少，仅为 1983 年鄂州市成立后，由原鄂城市文化局图书馆（筹）将其所藏书籍并入市图书馆中。而馆际之间的图书交流，多为复本较多和地方人士捐赠所余的复本。这类交流在 20 世纪 90 年代前时有进行，20 世纪 90 年代后馆际之间的图书交流基本停止。

（四）接受捐赠

向图书馆捐赠图书，单位行为较少，日常多为个人，且所捐赠的图书多为个人文集、作品集、回忆录类等。市馆每年都要接受多批次图书捐赠。历年来，主要捐赠者有：

（1）1988 年 8 月，市科学技术委员会情报所向市馆捐赠书刊 2000 余册，是本市首家向图书馆捐赠图书的单位。

（2）1990 年，市物理学会因办学需要，从外地募捐到一批图书，但无地方存放。学会会长刘久源到市馆商议，将图书存放市馆，向读者开放。如有经济上的收益，学会与市馆平分。2000 年，市物理学会刘久源、张之荣来市馆，代表该学会将此批 1. 1 万余册图书无偿捐赠给市馆。

（3）1993 年 6 月，市委宣传部向全市发出号召，动员全市各级各部门各单位积极向本市各图书馆（室）捐赠图书。在全市人民的支持下，市馆共接收 95 家单位所捐书图书 17. 23 万册，8000 元捐款。

（4）1995 年 7 月，市馆争取到由全国政协委员、香港汉荣书局董事长、香港著名爱国人士石景宜先生捐赠的 3400 余册台湾版图书。为感谢石景宜先生，市馆辟“景宜书屋”专室存放。是年 10 月 5 日，市文化局局长陈汉祥，市图书馆馆长张伟专程赴北京参加了石景宜先生向全国捐书仪式。

（5）1995 年 8 月 14 日，港商王正铎先生向市图书馆捐赠图书仪式在市馆三楼会议室举行。市委副书记徐景炫、市政协副主席、市委统战部部长王文华、市委宣传部等领导，以及市新闻媒体记者出席赠书仪式。张伟馆长代表鄂州市图书馆接受了王正铎先生所捐价值 2 万元的港台图书 1470 册。为感谢王正铎先生义举，市领导代表鄂州市，向王正铎先生颁发了荣誉证书和捐书纪念品文房四宝一套（见图 5–2）。

图 5–2　捐书仪式。港商王正铎（立者）、市委副书记徐景炫（右三）、副市长朱曙霞（右四）、市政协副主席王文华（左一）

此外，还有市馆原科教书店，市委老干部但英，天津市公安局干部、鄂州籍人士廖江森等多人将自己的书籍捐赠给市馆。对于所有向图书馆捐赠图书者，市馆均为其颁发荣誉证书，并享受可免费查阅市馆所有书刊资料的待遇。

三、藏书结构与藏书特色的形成

（一）藏书结构

20世纪80年代至90年代中期，市馆始终将藏书建设作为基础业务建设的重要项目，特别是在藏书结构上，在省图书馆的引领下，一直努力朝着合理、科学的方面发展。这在其90年代举行的省学术研讨会可见一斑。该时期，市馆力求跟准省馆导向，连续十届（1987~1996年）参加由省馆组织召开的藏书建设研讨会，使市馆的藏书结构尽量合理、科学。虽然最终藏书建设怎样最为合理与科学这一探讨在本省公共图书馆界未能“定论”，但通过多年数次的对藏书建设的探讨研究，使湖北公共图书馆界，特别是在基层图书馆这一领域，受益匪浅。至少在相当长的时间内，基层图书馆明确了本馆图书采访工作的大方向和各科尽量科学的藏书结构。90年代中期，市馆采编部门曾对馆藏图书作过调查统计。统计大致得出，在社会科学与自然科学的藏书比6∶4的大致比例下，社科所藏书籍中文化教育的比重最大，其次为经济、政治类，再次为马列毛著作和哲学类；而在自科类中，工业类图书的比重为最，其中又以轻工业为主。从上述统计可以得知，这一各类藏书的结构比重是较为合理的，也恰好反映了各个时期社会的变化所带来的所藏图书重点的变化。如在“文化大革命”时期，马列毛著作和哲学图书是各图书馆收藏的重点图书，改革开放后，由于市场经济的引导，经济类图书一跃成为读者的主要选择，农村种养殖业也占有较大比重。而文化教育类图书则是各个时期读者最为普遍的读物；在工业方面，因本市在该时期有后来上市的“多佳纺织集团”为龙头企业，全市轻工业得到较快的发展，所以TS类别图书在市馆“T”类图书中占有较大比重。

（二）藏书特色的形成

由于馆领导班子的重视，该时期市馆藏书建设依照1992年10月湖北省文化厅正式颁发的《湖北中等城市图书馆标准》中有关要求来进行。因建市时间较短，工农业及商贸等都待发展，市馆今后建设一个怎样特色的图书馆，暂难定调。由此，市馆未能参加 20 世纪 90 年代初期开始的由省文化厅发起、省内各图书馆自行参加的特色图书馆的建设大课题，虽如此，但市馆也借此开始了馆藏特色建设的再度考虑。根据鄂州为历史悠久的古城和中等城市及新兴的工业城市的特点，市馆坚持将工业、文史、城市建设和地方文献作为文献收藏的重点，因此可以说，该时期是市馆在藏书建设方针贯彻连续性方面达到史上最好的时期。反映在图书的流通上，一是适合地方工业技术的书籍约占整个馆藏的 20%，使之逐步形成鄂州是新兴工业城市的藏书特点，而且流通部门的数据也反映出其利用率较高；二是文史和地方文献搜集较多，使用率同样高，这从后来鄂州本地作者陆续出版的众多的地方史籍研究专著可见一斑。

四、藏书的增长

鄂州市市馆成立之初有文献总量 5.9 万余册（件）。1988~1995 年为快速发展时期。1987 年 8 月，有图书 64564 册（件）。20 世纪 90 年代初，随着购书经费的增长，新书的购入和社会的捐赠也有了较快增长，市馆文献总量已达 10 万余册（件）。1994 年全国公共图书馆进行首次评估定级，为达到国家地市级二级图书馆标准，市政府加大了对图书馆购书经费的投入。其购书经费从 80 年代中期的 3 万元/年，增加至 5 万元/年。1998 年全国公共图书馆第二次评估，市馆购书经费增至 10 万元/年。2002 年购书经费为 15 万元，虽然购书经费有了显著增长，但也仅为《湖北省公共图书馆条例》规定中购书经费 30 万元的一半。但不管怎样，购书经费的增加，有力地促进了市馆藏书建设的进行。加之在市政府的倡导下，社会各界踊跃为图书馆捐赠图书，如 1993 年在首次全国公共图书馆评估前，社会各界为市图书馆捐赠图书 17.2 万余册，使市馆的文献总量猛增至 27 万余册（件）。此后，市馆新书的年入藏量都在 1000 余种，2000 余册左右，最高为 3000 余册。

藏书的增长，也促使市馆书架得以增长，至 1998 年第二次全国公共图书馆评估时，市馆书架单层总长达 2775 米。

但对于一个有着百万人口，城区人口近 20 万的图书馆来说，一是无区、乡镇级馆，可供大众阅读的地方太少；二是藏书量太少。2005 年 10 月，文化部副部长周和平在“百县千乡宣传文化工程”工作座谈会上说，“2002 年全国县级图书馆人均藏书量仅为 0.1 册，远远低于国际图联人均 2 册的标准，也低于全国图书馆人均藏书量 0.3 册。[①] 而市馆在已有的 27 万余册图书中，真正可投入流通的不到一半，相比之下，本市人均藏书量同样相去甚远。

五、藏书布局

1988 年，市馆搬迁至新馆后，藏书量仅 6 万余册，设基本书库。为尽量给读者提供更多的书刊，市馆将全部可用图书投入流通。社会科学图书和自然科学图书置于二楼，分设两地对外借阅；工具书、精品图书、保存本和地方文献以及过刊集中一地，对外查阅；报刊（含报纸库房）和少儿书刊分别集中在一楼的北大厅和南厅，对外借阅。按 1994 年评估标准要求，1996 年，在一楼门厅增设对外开放窗口两个，将 1993 年所获得的全市捐赠图书中的 1 万余册图书投入流通。此后由于一楼门厅服务窗口对人流的进出有影响，加之所藏图书内容多已老旧过时，借阅率太低而于 2000 年后撤销。1999 年，为满足日益增大的读者队伍，全馆人员共同努力，将设在报刊厅的报纸库房搬移至四楼。扩大了报刊阅览大厅面积，解决了读者席位少的问题。但四楼仅 64 平方米的报库面积，使部分报纸无报架可存放，只能堆积，给读者查找资料带来了许多的不便。此外，少儿部所订阅的期刊过刊全部投入流通。而剔旧的图书和 1993 年接受捐赠的大量旧书刊由于既无场地，又无书架，只能是打包堆放于四楼报纸库房。

六、报刊的预订与采购

市馆报刊的采购以邮发订购为主，非邮发为辅，由馆采编部负责。每年的 10 月，图书馆根据所制定的《鄂州市图书馆普通图书采购原则》（所订报刊一般有中央各部委报，各省省报，本省大报和地市级党报等），结

---

① 《文汇读书周报》2005 年 1 月 15 日。

合市邮政部门提供的征订目录，进行次年报刊的征订。其间一般不做大的调整，以保持所订报刊整体的完整性和连续性。对有调整的品种，都会做好调整原因、调整数量等记录备查。县馆时期，每年报刊预订品种一般不足百种（份）。1988 年新馆开馆后，每年报刊的预订品种多在 350 余种左右，其中报纸约 110 种，杂志约 250 种，一般少有变动。报刊的预订由阅览部具体承办。

1988 年 10 月，《鄂州市图书馆报刊征定原则》制定，其中规定市馆每年的报刊征订以 1987 年《湖北省中等城市图书馆工作标准》中相关标准为依据，以当年市委宣传部年度报刊征订会议文件精神和市馆实际承受能力为准则。原则的出台，使市馆在后来的报刊征订工作上有了依据，避免了以往随个人喜好而可能出现的征订偏差。

1993 年，市馆对该年度的报刊结构作了大幅度的调整，在保留沿海开放地区和内地发达地区报刊的基础上，削减了大部分省级报刊和本省其他地市级党报，以及价格昂贵实用性不大的画报等，将节省的经费用于征订科技、经济、信息、市场和社会知识性的报刊。此后，这一征订报刊范围基本上没有大的调动。1998 年，在全国第二次公共图书馆评估定级后，市馆将该次评估定级中《地级图书馆期刊核查目录》有关核心报刊保有量的要求，列为报刊预订参考依据。

七、地方文献的搜集与线装书籍

（一）地方文献的搜集

地方文献的搜集是市馆一项长期的工作。自县馆时期起，就十分重视对地方文献有计划的搜集。1983 年市馆建立后，搜集力度加大，每年都对相关部室下达有一定数量的地方文献搜集任务。1988 年 5 月，市文化局向市政府递交了《关于搜集保存地方文献的报告》（鄂州文字〔1988〕第 44 号）。同年 7 月，《市人民政府办公室转发市文化局关于搜集保存地方文献的报告的通知》（鄂州政办发〔1988〕59 号）下发。此后，市馆以辅导部为基础，成立了地方文献搜集小组，并拨专款用于地方文献搜集工作。2000 年，市人民政府再次颁发《市人民政府办公室关于做好地方文献征集工作的通知》，当年市馆就接受社会捐赠图书和搜集地方文献百余种 800 册入藏。次年，鄂州市文学艺术界联合会《关于做好我市文化文献征集工作的通知》下发。两个文件的出台，加之图书馆的努力，使市馆地方文献的收藏大为增加。2002 年，市馆所藏的地方文献由市馆建馆之初的 700 余种增加至 2000 余种。这些地方文献资料，对鄂州市的经济和文化建设，尤其是后来本市 1987 年和 2007 年的两届编修史志和地方文史专家研究鄂州地方文史，提供了大量可靠的资料保证。

（二）旧线装书

市馆古籍收藏甚少，现有馆藏多为民国时期的线装书籍。这主要缘于在“文化大革命”时期（1966~1976 年），鄂城县文化馆、县图书馆和县博物馆三馆合并后，数千册古籍和旧线装划为县文化馆作为文物保管。1978 年鄂城县图书馆恢复独立建制后，这些书籍仍留在后来也同样恢复独立建制的县博物馆内。而县图书馆仅藏有多为民国时期 30 年代印行的线装书籍和个人日记手稿等，共 400 余册。其中有《武昌县志》、《武昌开国实录（下）》（武昌文华印书馆）、《樊鄂张氏宗谱》（鄂城县复华钻石印）等。该批书虽然数量少，但同样编有书本式目录一套。

八、文献普查

20 世纪 80 年代市馆成立后，辅导部曾经对社会图书馆（室）和农村基层图书室情况作过普查。1989 年 3 月，市馆科技辅导部主任田雪梅带领该室人员对全市基层图书室摸底调查，共调查单位 208 个，在被调查的单位中，建有图书室的 182 个，藏书 304780 册，图书管理人员 352 人。1992 年，按照省文化厅的部署，市馆从采编、借阅、辅导等部门抽调出 6 名业务骨干组成课题组，在研究生尹章池的带领下，深入全市城乡开展文献普查工作。通过为期一个半月的上门走访调查，市馆基本上掌握了全市城乡各单位图书室（资料室）管理人员的组成、文化层次结构、专业技术职称、专兼职情况，以及各图书室（资料室）面积、藏书等基本状况。根据汇总统计，时本市城乡共有文献收藏单位 148 个，藏书 297139 种，778298 册。至 1996 年，市馆又进行过一次全市性文献收藏调查，时全市有各类图书馆（室）149 个（其中乡镇 17 个、个体租书摊 21 个），藏书 1030787 册（乡镇 29359 册、个体 23400 册），图书（资料）管理人员 274 人。

九、藏书剔旧

20 世纪 90 年代中期以前，由于馆藏量不大，加之购书经费的不足，藏书增长缓慢，为尽量提高图书的利用率，市馆很少进行藏书的剔旧工作，仅利用 80 年代末的几次图书清理时，进行少量的剔旧。对于有损伤的图书，予以修补后上架继续使用。90 年代中后期，在两次全国公共图书馆评估后，市馆购书经费有了较大增长，新入藏的书刊增长显著，书架也随之紧张，加之到馆读者的日益增加和藏书利用率的提高，破旧书也不断增加。自此，市馆开始进行不定期的、小范围的剔旧工作。其剔旧依据市馆所定的《鄂州市图书馆藏书剔旧（注销）暂行规定》执行。

第四节　图书分类编目工作

一、图书分类

1990 年 2 月，《中国图书馆图书分类法》（第三版）出版。1990 年下半年，市馆图书开始使用新版分类法分类图书。1999 年，市馆图书的分类依据新修订的《中国图书馆分类法》（第四版）分编图书。社会及科学的迅猛发展，使各个学科相互交叉，并反映到出版物中。由此，在实际的分类中，经常遇到各个不同的类目归属难以把握的情况。为解决好这一问题，2000 年，市馆初始的做法是，凡是在分类上出现的问题，一律在《中国图书馆分类法》相关的类目上做好特殊的标记，以便下次再出现此类情况时，好照此处理。为尽可能地从根本上解决这一问题，市馆经过讨论研究决定，在遵循国家标准的前提下，制定了《鄂州市图书馆图书分类细则》，以配合《中国图书馆分类法》的使用。

二、图书编目

市馆成立前后，一种书出片共 4 张。20 世纪 90 年代后，目录建设完善，一种书出片共12张。为提高工作效率，在分编的过程中，市馆从90年代起，实行流水作业的方式进行，即采购、验收、盖章、登记、分类、编目、印卡片、贴书标书袋、校对、送书。在完成上述工序中，部门人员既有分工，又有合作，工作效率较高。送流通部门的新书，双方做好交接点核记录，如发现错号重号等误差，退返采编部修改后再入藏。

书目提要卡片在图书馆所发挥的作用是举足轻重的，它在分编流通等部门工作中是有效的主要工具。1985年8月，中国图书馆服务公司在全国图书馆界推行购书“随书配片”。“随书配片”不仅统一了类目，提高了工效，而且排片整齐划一。因此，购书并获得配片的图书馆比较普遍。但市馆囿于基础薄弱，藏书量少，购书经费有限，每次所订购图书种类多、数量少等原因，未能采取“随书配片”购书方式。

市馆加工的成人书籍，其书标均选用红色，规格为4cm×5cm，少儿书籍和短期临时投入流通的图书，使用绿色书标，规格为3cm×4cm，以示区别。在书袋的使用上，从县馆时期起，至1988年搬迁新馆前，就利用大量往来废弃的信封，经过剪裁加工后作为书袋使用。这虽然是一小小的举动，节约资金也有限，但对资金历来短缺的图书馆来说，其节俭之举影响深远。

三、分编手段的变化

20世纪80年代以前，县馆的目录卡片为人工手写的方式，由馆里钢笔字书写得好的人员书写文摘卡片。此后，刻钢板蜡纸油印的方式制作卡片目录替代了手工书写。1984年，市馆购回一台“飞鸽牌”中文铅字打字机打印目录卡片，自此，用打字机打印目录卡片方式替代了人工手写目录卡片的方式。1989年7月，市馆从武汉市购回价值1.2万元的“超汉四通打印机”，尝试用四通打字机著录卡片，一次存入，多次输出，每张款目格式标准，字迹清楚工整，美观大方。此后，市馆用该机替代中文铅字打字机打印目录卡片并沿用至2003年。

四、目录建设

1984年2月市馆建立之初，有公务目录（分类和字顺目录）和读者目录（分类和字顺目录）各一套。新馆开馆后，已有的目录柜远不够用，后增加了 9 屉一组的目录柜 4 组。经过短短几年，市馆目录体系逐渐补充发展完善。1990 年 10 月，外借处社科室更换新目录柜 7 组，后在流通部门的社会科学外借处和自然科学外借处分别建有读者分类和字顺目录各一套；在检索室（后为地方文献室）建有分类目录一套；少儿室分类目录一套。同年 12 月，市馆第二套读者用字顺目录建设基本完成。次年初，读者用字顺目录全部排完。目录及导卡均投入使用。

1996 年，“景宜书屋”（港台书室）开放后，新增设书名和分类目录各一套；报纸建立字顺目录一套。自此，市馆前后共建有纸质目录三种计 12 套，即采编部用公务目录 2 套（分类与字顺目录），读者目录 10 套（外借部社科外借处和自科处分类与字顺目录各一套，检索室分类目录一套，民国时期线装书书本式书名目录一套，报刊阅览部字顺目录一套，少儿部分类目录一套，景宜书屋书名和分类目录各一套）。目录的日常维护与管理则由所在部室负责。目录设置均按照国家二级馆标准要求设置。

为延长目录卡片的使用寿命，从 20 世纪 90 年代初期起，市馆从浙江购回塑料卡片护套，将全部卡片套上护套后，有效地保护了卡片，延长了卡片的使用期。20 世纪 90 年代中期后，由于藏书的稳步增长，目录柜也爆满，但一时又无合适的目录柜可使用，从而导致导卡头磨损严重，读者查找图书困难，2000 年起，市馆开始试用比原硬板纸制作的卡片薄得多的纸软目录卡片，多少缓解了目录柜紧张的状况。

20 世纪 80 年代的核心基础业务如传统的目录组织等，到了 90 年代逐渐被边缘化，进入 21 世纪后人工的目录组织不复存在，由计算机目录系统所取代。① 而对市馆来说，因书刊的全面开架借阅和自动化设备的使用，纸质目录的功用减弱。2002 年，市馆在经过慎重地考虑和征求相关部室的意见后，召开业务工作会议，专题讨论了减少或取消纸质卡片式目录的问题。会议最后决定，取消部分纸质卡片式目录。并在此后经咨询省业务主管部门意见后，自 2003 年起，除保留分类和部分著者目录外，取消字顺目录，即公务目录保存分类目录、著者（重点名人著者）目录 2 种，读者目录保存分类 1 种，停止其余卡片目录制作。

---

① 严继东．公共图书馆界基础业务质量控制三十年述评［J］．图书情报论坛，2010（3）：18-20.

第五节 参加公共图书馆评估

一、首次参加评估

1993年底，湖北省文化厅下达将在全省公共图书馆界进行评估定级工作的通知。为充分做好准备工作，1994年4月，市文化局成立评估定级领导小组，组长为分管图书馆工作的副局长江国超，副组长为市馆馆长张伟，文化局文化科副科长管惠文。成员有市馆副馆长范炜、王兰芬等。在评估定级领导小组领导下，市馆制定出评估定级迎检工作方案，将全部工作分为“宣传发动、调查摸底、整改、检查初评”四个阶段。4月9日，市馆召开全馆动员大会。4月12日，组成由局评估定级领导小组成员樊小庆、田雪梅牵头的调研小组，对馆情进行为期一周的摸底调查，并对现状进行了首次自我测评。在地市级馆评估标准满分1000分的总分中，市馆仅为427分。4月18日，市馆迅速制定出《鄂州市图书馆评估各部整改补充工作方案》下发，方案中提出了整改的项目、方法、时间和目的要求，以及各部门的具体整改措施。5月11日，市馆就自我评估的结果和现状，向组长江国超做了汇报。局文化科副科长管惠文也几次到馆指导。经过整改，在市馆进行的第五次自我评估中，总分达到了715分。而失分的主要原因在办馆条件、基础业务建设方面。

此时市馆虽然已经升格为地市级图书馆10年，但其底子依旧薄弱，除馆舍面积达到评估标准要求外，其他各项指标均有一定差距，有的差距还很大。如办馆条件中的“总经费”“购书费在总经费中的占有量”，基础业务建设中的“藏书量”，以及报刊入藏率等。特别是市馆仅10余万册（件）的文献总藏量，这一主要项与评估中的标准要求差距太大，远达不到评估标准中地市级图书馆藏书25万册的必备条件要求。如何在短时期内将提升馆藏，达到评估标准要求，是市馆面临的首要问题。

二、全市捐书活动

1993年初，馆长张伟借鉴外地经验，经过考虑后向市委宣传部提议：是否能在全市进行一次捐赠图书活动，以期在短时间内迅速增加市图书馆的馆藏，解决藏书数量远远不够的难题。市委宣传部采纳这一建议。5月8日，市委宣传部在城区闹市中心新世界商厦门前举行捐书活动启动仪式，号召全市各级各单位开展向各级图书（文化）馆站捐书捐款。市委常委、宣传部部长湛有恒主持活动启动仪式，市政协主席周伯辰等领导出席。《鄂州报》、市电台、市电视台等新闻媒体纷纷配合宣传。众人拾柴火焰高，此次捐书活动长达3个月之久，市馆派出多名工作人员参加全市捐书小组，到各个部门和单位，动员和组织捐书。这次捐书市馆共接受市建设委员会等全市95家县团级以上单位的捐书17.23万余册，捐款8000余元，超额完成了市文化局党委提出的确保获得捐赠图书10万册的目标任务。鄂州的捐书活动声势之大、获得捐书的数量之多，均居全省获得捐赠单位之首。捐书活动的成功，使市馆整个藏书总量达到评估定级标准中的藏书要求，为市馆首次参加全国公共图书馆的评估定级解决了一大难题，也为日后的工作打下了较好的基础（见图5-3）。

图5-3　1993年5月8日，市委宣传部组织全市为图书馆捐书活动

三、市少年儿童图书馆挂牌

在评估定级标准中，地级市要有少年儿童图书馆是必备条件之一。经报市有关部门并经市委、市政府同意，市图书馆可以挂市少年儿童图书馆牌子，与市图书馆共一套领导班子。时任市委书记陈训秋来市馆视察指导工作时说，“今后正式成立了少儿图书馆，我将亲自前来挂牌”。虽然市馆为评估能顺利过关而获一市少儿图书馆的空名号，既未能增加经费，也未能增加人员，但也为日后少儿图书室的扩大和2000年后新建少儿图书馆奠定了基础。

1994年6月12日，由省文化厅社文处副处长汤旭岩，省图书馆副馆长阳海清率领的湖北省公共图书馆评估验收工作组来本市，对市馆进行检查验收。经过评估验收小组认真细致的检查评估，市馆获得满分1000分中的818分。当年10月，《湖北省文化厅转发文化部关于下发地、县公共图书馆定级名单的通知》（鄂文文字〔1994〕第213号）下发，经文化部审定，鄂州市图书馆定级为国家二级馆。

1994年，全国公共图书馆的首次评估定级，极大地促进了公共图书馆事业的发展。通过评估定级，市馆在藏书、购书经费上都获得了大幅度的提高；在对读者服务工作紧紧围绕经济建设这一中心，加大了科技跟踪服务的力度，对自动化建设有了进一步的认识；在规章制度的建设等其他方面的工作，也有积极的推动。评估结束后，为保持所取得的成果和市馆在今后的工作向规范、科学方面发展，使市馆各项工作全面达到地市级二级馆的要求，市馆依照评估标准，制定出相关制度和对各部门工作提出相关要求，比如在原《鄂州市图书馆考勤考绩情况月报表》的基础上，细化了业务各项指标。月工作报表依据评估中的标准要求，基本囊括了基础业务各事项，如在采编部门，就有新书购买数量、图书复本率、新书分编与出库数量等；流通领域中有图书流通册次、读者到馆人次、图书利用率、读者到馆率、读书活动情况等；阅览部门有阅览人次、报刊利用率、报刊征订与入藏情况等；辅导工作有基本情况、下基层次数、辅导人员情况等。月报表的制定和施行，为工作人员在工作中正确履行各自职责，更加明确了方向和目的，业务管理工作逐渐步入规范的轨道。

第六节　顺应时代发展，深化读者服务

一、“读者第一”，阅览室实行全开架服务

20 世纪 80 年代后，随着改革开放进一步深入，知识更新速度加快，人们对读书的渴望与日俱增，图书馆愈加受到社会的欢迎，到馆的读者也日益增多。而图书馆原有的书刊借阅方式已经很难适应新形势发展的需求。虽然本馆在县馆时期就有半开架服务的传统，但那仅限于小部分阅览领域，大部分还是闭架服务方式。1988 年后，馆领导在干部职工中更加强调要树立“读者第一”“服务至上”的观念，在流通部门的社会科学外借处实行半开架、在阅览室部门实行全开架服务方式。1991 年 4 月 28 日，市馆自科外借处也实行半开架服务。开架服务方式极大地方便了读者，同时也大大提高了图书的使用效率。

二、参考咨询与专题书目的编制

为搞好科技服务工作，1986 年，市馆创刊内容包括工农业和科研的《科技信息文摘》，1988 年又创办了《新技术情报》等刊物，将农民和企业可能运用到的技术资料等摘录编辑加工后，寄送至所在地。

1996 年，为帮助市政府完成省政府交办的农村医疗保障专题研究，市馆承担了所需文献资料的检索和编制任务。科技部人员上武汉、下黄石，经过近半年的努力，拿出了上万字的专题报告和书目，为该课题的顺利完成提供了可靠数据，不仅获得了一定的经济报酬，还获得市政府有关部门的好评。同年，市馆为市委宣传部主办的“吉洪善烈士事迹展览”“红军长征胜利 60 周年展览”，提供了大量的文字和图片资料。

1999 年，市馆调整馆内部室的设置，加强了科技辅导部的力量，重新明确了服务课题和馆外服务网点布局，编印了《领导决策参考》《科技信息文摘》等二次文献 12 期，完成服务课题 8 个。该时期市馆还编辑印发了《禽

畜养殖汇编》《蔬菜种植汇编》，2000年后先后编印了《水产养殖汇编（2001）》《〈鄂州情况〉专题报刊索引（2002）》等专题书目。

三、成立科技部，为“科技兴市”做好服务

从县馆到市馆再到20世纪90年代，为工农业生产、为科技服务始终是图书馆服务主题。80年代末至90年代，鄂州市先后制定了“工业立市、科技兴市、商贸强市”，“名牌战略”等各类兴市方略，市馆更进一步加大了为科技生产服务的力度。

（一）成立科技部

1988年4月前，为科技服务工作由馆综合阅览部门承担。新馆开馆后，为围绕本市兴市方略，加强服务本市经济建议力度，市馆新成立了科技服务部，开展为本市企业的科研生产服务。此后，因主抓该项工作的副馆长调离，科技服务工作停顿。1991年3月，科技服务部与辅导部合并，配员3人。合并后的科技辅导部既承担为全市科技服务任务，同时也承担业务辅导工作。科技辅导部建立有全市科技人才库，其中有市“星火计划”单位、重点科研单位、重点读者、个体专业户等。还建有种植业、养殖业和农副产品加工三种信息库。1993年7月，市馆调整部门结构，为加强科技服务力量，成立独立的科技部，将科技服务职能从借阅部中划分出来，并将原属借阅部的自然科学图书外借处和原属采编部的文献检索室划归科技部管理，并配工作人员4人。此后又有小的调整，自然科学图书外借处回归借阅部。科技部仍然保留检索室，继续开展为科技服务工作。随着社会发展和鄂州市发展战略的调整，市馆为科技服务的部门也相应做出调整。1998年，科技部撤销，其原有的职能主要为检索室等部门承担。

（二）为“科技兴市”做好服务

20世纪80年代末至90年代初，全省大力开展科技兴农工作。1988年5月4日，市馆组织召开了科技读者座谈会。应邀参加会议的有市科协、市科委科技开发公司、市文化局戏工室、市农牧局、市蔬菜局、市电子元件厂、市公安局看守所等20个部门和单位的领导与专家近30人。座谈会围绕公共图书馆如何适应新形势发展要求，怎样为发展生产力、振兴鄂州

经济，以及如何加强图书馆藏书建设，开展信息传播、交流，做好跟踪服务等，开展了热烈的讨论，与会人员提出了许多建设性意见。

1991 年，省馆下发了《关于全省公共图书馆为农户培养科技致富带头人的意见》，本市因市政建设发展加快，城区原有种植蔬菜的基地如百子畈等处多被征用。蔬菜种植土地的减少，出现了市民吃菜难的问题。为此，市政府在鄂城区杜山乡建起万亩蔬菜基地。围绕市政府这一举措，刚成立的馆科技服务辅导部工作大张旗鼓地开展起来。工作人员走访调研市科技局、市科协、市农委、市锻压机床厂等单位，了解全市科学发展、科技人员情况和各单位的科技项目以及信息需求，为定点和专题服务做好准备。并在馆藏文献中有针对性、有选择地摘录、编辑有关橡胶、蔬菜等专题资料和供求信息，印发《科技信息文摘》。该时期市馆重点将市杜山万亩蔬菜基地作为定点服务项目，为全市“菜篮子”工程服务，多次送书送资料到蔬菜基地。该基地的负责人易科长对收到的《科技信息文摘》反映很好，并代表农民朋友表示感谢。几年中，市馆共为其编制印发有 2.4 万字的《1997 年鄂州市图书馆蔬菜专题索引》，以及有关蔬菜种植的专题资料 12 期，共 200 多条，为科技人员使用资料，为菜农掌握种菜技术起到了一定的帮助作用。

1992 年，在“科技兴市”大背景下，市馆积极开发二次文献，服务本市企业。市巾被厂设备科李学义，充分利用市馆专题提供的文献资源，经过反复研究试验，成功地改装了 G191 型络纬机延时计电器，为厂里节省资金 7 万元，并创经济效益 27 万余元。1994 年 7 月，市馆为科技人员许大刚高级工程师提供书刊资料，在《鄂东南铁铜矿地产地质》等资料中，查找到了相关依据，帮助新洲县大同镇找到铜矿，使该镇脱离贫困找到了新的致富道路，镇政府还专门写来了感谢信。

此外，市馆还先后为市造纸厂工程师吴志刚、丁觉生攻关“造纸软浆”整套造纸工艺设计等造纸技术，为市供电局工程师施复林研制汽车尾灯革新课题，为市环境保护局解决湖泊治理污染问题，为市卫生局解决医疗通用设备分类性质问题等，付出了大量努力，为他们提供馆藏资料、解决科研生产中的难题提供了帮助。1996 年，市馆科技部新增加科技服务点 2 个，继续为市环境保护局、市卫生局等十几个单位和个人提供文献资料，帮助其解决科研生产中的难题。

1996 年 11 月，市馆到重点服务点市公路段太阳能基地，了解科研人员工作情况，为其提供所需文献服务（见图 5-4 所示）。

图 5-4　1996 年 11 月，太阳能沥青加热装置发明人邵树人（左）向到科技服务点太阳能基地了解情况的市馆工作人员介绍装置设备（洪峰　摄）

1999 年，市馆在英山县图书馆的引介下，从该地引进了优良谷种“泰山 1 号”和“178”优质大豆种，无偿提供给农民试种，以解决稻种老化的问题。同时，市馆还结合农时，将编印的《科技信息文摘》送到其他农户手中，帮助农民掌握相关技术。其设在燕矶坝角村，蒲团何桥村，石山农校等处的试种点试种的“泰山 1 号”，均获得成功，单产均达到 1300 余斤，他们来函来电深表感谢。其中坝角村党支部书记周才富和村主任还专程来馆，对市馆为农民排忧解难之举深表谢意。

实际上，在市馆人员上门服务中，还常遇到“你们提供信息不收费吗?”“还有这种免费服务的好事?”等疑问。这主要缘于人们受“一切向钱看”思维的左右。在市场经济的作用下，作为公益单位的图书馆，在经济建设的大潮中出现，自是有些“突兀”。这也是该时期文化这一“弱势部门”所遇到的尴尬。但市图书馆人没有因此退缩，仍然坚持一边宣传一边继续履行自己应尽的公益性职责。

数年来，为科技和生产服务，始终被列为公共图书馆的重要工作目标，实事求是地看，也还是起到了一定的作用，以前是，现在是，但将来则不一定是。这是因为社会和科学的发展，以及图书馆的本质是“科学发展的基本方法与工具”① 所确定的，这在进入 21 世纪后，公共图书馆不再在某一个时期偏向工业，或者农业等过强的时代性方面，被当作工具做出有悖图书馆本质而勉为其难的行为，而是在全民阅读领域功用的加大等方面，可见一斑。

第七节　业务辅导工作

1990 年，市馆为提高本馆干部职工以及基层图书室管理员的业务水平，举办了几期业务培训班，并创造了一定的经济效益。同年 4 月中旬起，市馆利用每周周一的时间，连续举办了为期 3 个月的社会单位图书馆（室）管理员专业基础知识培训班，帮助 20 个图书馆（室）管理人员提高业务水平。1995 年 4 月，市馆辅导部召开了全市图书馆（室）业务工作座谈会，近 10 家重点馆（室）负责人参加了会议（见图 5-5 所示）。

图 5-5　1995 年 4 月 24 日，全市图书馆室业务座谈会在市馆召开

1991 年 3~6 月，为本市图书馆事业长远发展，科技部辅导部对社会单位图书馆（室）进行调查摸底。共调查 208 个单位。调查结束后，科辅部建立基层图书馆（室）档案一套。

① 郝朝军等．图书馆的本质：科学发展的工具与基本方法［J］．图书馆，2010（6）：35.

一、对市馆工作人员的业务培训

该时期，市馆辅导工作大致分为3个阶段：

第一阶段为1988年至1991年。这四年，以提高市馆人员图书馆基本专业知识和实际操作能力为主要目标。如：1989年7月至1991年1月，市馆与华中师范大学职工中专部联合举办图书情报中专班，有学员21人；1990年5月至1991年5月，举办图书馆专业培训班七期，共培训学员160余人次。

第二阶段为1992~1997年。随着图书馆事业向“标准化、规范化”方向发展，以及全国公共图书馆评估定级工作的开展，市馆业务辅导工作也向“标准化、规范化”方向发展。6年间共举办专业培训班及图书馆业务知识竞赛活动19次，参加人数达1326人次。

第三阶段为2002年及以后。此期间全国文化信息资源共享工程的启动，图书馆运用计算机管理逐渐取代了传统的手工操作，图书馆运行向自动化、信息化方向迈进。这一阶段业务辅导工作重点以自动化管埋、计算机基础知识，以及提高人员计算机操作水平等为主要培训科目，培训组织部门也由原来的辅导部转为新成立的网络信息部。

二、对社会图书馆（室）的辅导

图书馆在对本馆干部职工进行各项业务辅导，开办专业培训以外，还为社会单位图书馆（室）进行辅导，经常深入基层，到乡镇文化站图书室，帮助建好图书室和对管理员进行辅导，培养了一大批具有图书馆专业技能的人员。1988~2002年，市馆辅导部平均每年到社会图书馆（室）辅导50余天。

（一）上门辅导，开办业务培训班

1988年新馆开馆后，市馆的辅导工作全面展开。1990年，市馆辅导部人员到文化活动开展得十分活跃的华容区，帮助该区华容镇文化站巩固和发展站图书室，向该室赠送图书、借书证等。其间，辅导人员为他们制定了图书借阅规章制度，辅导他们对图书进行分类、编目，并帮助购买新书。使该镇图书室由一个年仅500元活动经费，几百册藏书的小图书室发展到有 3000 余册藏书的图书室。同时，还帮助该镇所辖的饲料厂、棉纺厂等 4 个单位建立起图书室。当年 12 月，华容镇文化站被评为全国先进文化站，其中镇图书室的巩固和发展成果起了极大的示范作用。当年，馆辅导部人员还到新建的莲花山图书室、通用机械厂图书室、鄂州市建材设计研究院图书室开展业务辅导，向管理员传授图书排架法，讲解图书的分类及编目方法。

20 世纪 90 年代初，市馆对基层图书室管理员的培训未曾间断，每年都举办业务培训，期间有近 40 人接受了图书馆专业培训。1991 年 4 月，科技辅导部组织召开全市基层图书馆（室）工作会议。参加会议的有来自工会、教育、卫生系统以及各乡镇图书馆（室）20 余人。同年 7 月，又召开了乡镇图书室工作经验交流会议。在这两次会议的基础上，辅导部形成了《鄂州市乡镇图书馆（室）的现状与发展措施》等两个经验材料，均被“湖北省乡镇图书馆（室）经验交流大会”选入。

1992 年，市馆辅导部举办图书馆专业知识培训班 2 期，培训班结束后，馆辅导部分别组织学员 23 人，由部主任田雪梅带领，到湖北省图书馆、江西庐山图书馆学习考察。1994 年是公共图书馆首次评估年，为壮大基层图书馆（室），市馆选择文化工作基础较好的华容区华容镇，将 1 万册图书送到华容镇文化站，帮助他们建立起鄂州市第一个乡镇图书馆。

在组织开展的业务培训活动中，市馆还制定了《1995 年鄂州市图书馆（室）开展业务技术竞赛活动检查评分标准》。标准分“阵地设施、藏书建设、经费、管理人员、书刊流通率、持证读者、服务工作”七大项，以指导和推动基层图书室工作。为提高图书管理员的业务水平，是年 5 月，举办图书馆专业知识培训班，共有馆内外学员 32 人参加学习。

1996 年 5 月，市馆应市教委请求，协助全市中小学校普及九年制义务教育（简称“普九”）达标工作，举办了为期 3 天、由全市 10 多所中小学 100 多位图书室管理员参加的业务培训班，为他们传授业务基础知识。该时期馆辅导部还接待市部分学校“普九”达标学校来访人员，帮助他们解决建立图书室中遇到的困难，并到重点中小学图书室，手把手开展业务辅导工作。为澜湖中学、凤凰中学、南塔小学等校图书室辅导工作 20 多天，分类图书 9000 余种、4 万余册。为全市中小学加紧筹建图书室和促进其业务工作的规范化、标准化建立管理制度，帮助各学校顺利地通过了省

"普九"达标检查。

1996年11月，市馆辅导部举办全市基层图书馆（室）管理人员专业知识培训班，有来自鄂钢、鄂重等企业和学校的30人参加。市馆辅导部根据社会单位和企业图书馆（室）以及乡镇图书馆室现状，编写印发近10万字的《小型图书馆（室）工作手册》，作为对基层图书馆（室）工作人员的培训教材。

（二）组织开展业务竞赛

1991年1月，市馆首次组织召开了全市图书馆界论文研讨会，研讨会入选论文19篇，有22位作者参加研讨会。是年9月，市馆举办了全市图书馆（室）业务知识有奖竞赛。此次竞赛有来自全市各图书馆（室）的40余名图书管理员参加。经过历时3个月的角逐，市造船厂图书室管理员皮兰英获一等奖，八一钢铁厂图书室管理员刘云仙等获二等奖，并评选出鼓励奖6名。是年秋，还举办了一期历时一个月的图书业务基础知识培训班，参加培训班的学员15人。

1991~1995年，市馆辅导部主持召开了四届鄂州市图书馆界学术研讨会，共收到论文80余篇。该时期，辅导部还兼管市馆档案管理。

1997年，市馆配合全省"六百二万"工程评比表彰工作，市馆重点辅导联系单位、图书室业务工作一直开展得较好的鄂重集团图书室被推荐参加全省评选。

第八节　编辑内部出版物，构造信息交流平台

一、《图书馆工作简报》的创办

图书馆在开展各项业务工作的同时，还创办馆办刊物。

县馆恢复独立建制后，1979年4月，《图书工作简讯》创刊。该刊为16开，一般为2页，不定期印发。20世纪80年代后，先后更名为《鄂城图书工作简讯》《鄂城图书馆工作》《图书馆工作简报》《图书馆工作简讯》《图书馆工作简报》。简讯始为人工刻钢板蜡纸油印，后为用打字机打

字油印，单色。1988 年改为刊头套红。90 年代中期起刊头改为套蓝，每期约 4 个页码。简讯主要反映上级关于图书馆工作的指示，馆工作概要、读者读书情况和基层图书室动态等。主要面向省文化厅、县市文化局、省图书馆及省内各地市馆发送。1983 年，鄂城由县级升格为地级市时止，简讯共印发了约 20 余期。

二、其他专刊简讯

20 世纪 80 年代中期起，市馆将馆办刊物作为为全市科研生产提供技术资讯和信息服务的一个重要渠道。先后创编有《科技信息文摘》《新技术情报》等（见表 5-1、图 5-6）。1998 年创办了为市领导提供决策信息和文化信息服务的刊物《决策参考》。这些馆办刊物不仅为服务对象提供了一定的信息，为本市的经济发展做出了应有的贡献，密切了图书馆与社会各界的关系，宣传了图书馆，还记录了本馆各个时期、各个方面的工作，反映了本馆工作的开展轨迹。

图 5-6　市馆曾编印的工作简讯

表 5-1 鄂州市图书馆所办内刊（1979~2002 年）

序号	刊 名	创办时间	刊期	期发行量	主 编	发行对象	备注
1	《图书工作简讯》	1979 年	不定期	30 份	辅导部	省厅、省馆、省内各市馆等	后更名为《图书馆工作简讯》
2	《科技信息文摘》（《科技资讯》）	1986 年	4 期	30 份	科技部服务部	科研单位、乡镇农科所文化站	停刊
3	《新技术情报》	1988 年	不定期	30 份	科技部	市相关企业、乡镇农科所、文化站	停刊
4	《决策参考》	1998 年	不定期 24 期/年	30 份	辅导部 网络部	市委、市政府政策研究室	一度停刊，2002 年恢复
5	《“雏鹰”小读者报》	2000 年 7 月	双月刊 8 开 4 版	—	少儿部	全市中小学生	停刊

第九节　学术成果

20 世纪 80 年代中期，囿于馆藏少、场地小，加之人员大多为刚进入图书馆，馆工作重点除逐步扩大业务工作外，重点还在对新进人员的基础业务培训方面。因此，对业务工作虽也有研究，但尚未进入常态。80 年代中期起，在省图书馆对改革、藏书建设等学术研究氛围的影响下，市馆学术研究开始进入有组织、有专题、有目标的研究之中。1985 年，市馆樊小庆撰写的《图书个别登记可以省去》和《对长篇小说加工处理小议》两篇文章，发表在《图书馆员》1985 年第 5 期，开创了市馆在专业期刊上发表文章的先河，此后，馆内的学术研究逐渐进入一个本馆人员工作之余对业务钻研常态，并每年不间断地参加由省图书馆和由中国图书馆学会举办的各类业务研讨会。1987 年，尽管新馆正处在紧张的建设之中，但市馆不忘抓对业务工作的研究，馆领导组织全馆人员积极撰写论文。时全馆新老 13 人中，有 10 人认真选题撰写。在入选当年省图书馆举办的业务研讨会的 5 篇论文中，有 3 篇在大会上交流。省馆党委书记蔡金钟在总结会上说："鄂州市图书馆学风好，研究风气浓，他们向省里交了 8 篇论文，入选了 5 篇，居全省之冠，希望大家向他们学习。"1994 年，在省文化厅组织的全省公共图书馆参加的第 62 届国际图书馆协会联合会（IFLA）大会征文活动中，市馆组织全馆人员积极撰写文章，其中田雪梅馆员撰写的《中国特殊图书馆效应》一文入选并获奖，创市馆论文入选最高级别图书馆专业论坛之最。1996 年初，文化部与湖北省文化厅、湖北省公共图书馆事业发展奖励基金、《图书情报论坛》编辑部 4 家联合发起、组织了全国"特色图书馆理论与实践"征文评奖活动。市馆樊小庆、汪德林撰写的《特色图书馆的产生与发展——兼谈湖北省特色图书馆布局》获优秀奖，为本省仅有的两篇个人获奖论文中的一篇。

1985~2002 年，市馆出版印行专著 4 部，其中《湖北长江经济带文献信息开发丛书——鄂州名优特产录》，获 2002 年湖北省文化厅第四届公共图书馆事业发展奖励基金论著一等奖，省文化厅"五个一工程"著作一等奖；有 28 人在省级刊物上发表或入选省级及以上学术研讨会专业论文 103

篇。有16篇获省厅、部级及以上奖励，其中田雪梅撰写的《中国特殊图书馆室的效应》，获1996年在北京召开的第62届国际图书馆协会与机构联合会大会优秀论文（征文）奖。有9篇分别被《中国图书情报工作文库》《全国报刊索引》等大型专业工具书收录。

第十节 《鄂州文化志·图书馆篇》的编撰

1986年，按照市政府的部署，全市启动各行业部门的修志工作。是年4月，市文化局成立《鄂州文化志》编辑委员会，着手编修文化志。市馆调研员张三育为文化志编委会委员，沈国祯为编委会办公室成员。《鄂州文化志》上限为1884年，下限为1987年。1986年下半年，由张三育领衔，刘礼跃、沈国祯参加的《鄂州文化志》图书馆篇的编撰小组，开始进行图书馆志资料的搜集和编撰工作。自此，编撰小组在完成各自本职工作的前题下，积极做好志书的编撰工作。1986年底，市编撰小组在全局率先完成了《图书馆大事记》的编撰；1987年4月，完成了《鄂州市图书馆沿革》的撰写。是年底，编撰小组还完成了馆志其他方面内容的撰写。截止1988年底，《鄂州文化志》图书馆篇章基本完成。1990年2月，《鄂州文化志》定稿并印行，全书分上、中、下三册，汇集了全局9个下属单位分志，共计40万字，其中，图书馆篇3.8万字。

第十一节 成立经营部与创办经济实体

一、成立经营部

20世纪80年代，人们把在职人员停薪留职经商称作“下海”。90年代初，全国涌起下海经商大潮。各行业部门纷纷动员有经济头脑、有能力的干部职工下海搞经营。在这一背景下，市馆也不例外地奉行“有偿服务”（亦称“补文”“以文养文”“多出助文”）的工作要旨，除有馆派职工兴办学前班和职工承包馆里的门面开办书店、经营餐饮业、书刊出租外，更多的是社会经营者租用市馆房屋开办公司等经营。

在全民经商大潮的影响下，市馆“补文”工作得到进一步的强化。1993 年起，市馆把经营工作摆到了与业务工作同等重要的位置，实施业务、经营共管齐下的“双向承包”。在馆领导班子中，要求书记抓全盘也抓经营工作，馆长主抓经营工作，业务馆长既抓业务，也抓业务部门的“创收”。市馆成立了以馆办公室财务人员为主的经营部，专门负责全馆经营工作的管理。该时期还先后选派 9 名懂经营、善管理、有门道、有技术的人员组成经营部。全馆当年创收 11. 2 万余元，其中经营部 8. 02 万元，业务部门 1. 588 万元，办公室 1. 6 万元。

该时期，有本馆职工承租（包）市馆门面，经营影视娱乐业、书店、书刊出租、餐饮业、电子娱乐业等，以及在暑假期间举办的美术、舞蹈等各种学习班和培训班。1994 年全馆 6 个部室共创收 3. 2 万元，与外单位联营、租赁获得收入 14. 10 万元。市馆在“以文养文”高峰时期的 1996 年，有 15 家单位与市馆联营、租赁，如扬子江自修大学、鄂州市有线电视台、海通贸易公司、鄂州市拍卖行等。进入 21 世纪后，市馆文化产业有了新的变化，这主要反映在房屋的租赁方面，其中有酒店业、英语班、艺术班、舞蹈班等，市馆年创收达 20 余万元。

二、创办学前班

20 世纪 90 年代初为市馆“以文补文”最为火热时期，图书馆学前班应运而生。1992 年，市馆创办了学前班，有学员 46 名，教室一间。因起步早，又有较好的师资力量，加之市馆有宽敞的教室和门前广场，环境条件好、安全性高，其发展潜力较大。对于学前班的教学，家长普遍反映极好，纷纷将孩童送到市馆学前班来。为扩大规模，次年学前班扩大了招生，并添置了桌椅和教学用具等设施设备。为满足开班需要，市馆将两套尚未分配的近 200 平方米的新宿舍作为教室，教室由原来的 1 间发展到 3 间，有学员 120 余名。该时期是学前班最为鼎盛的时期。学前班由市馆少儿部梁金秀负责（见图 5-7）。梁金秀带领市馆职工张景瑞和 2 名聘请人员，负责担任学前班教学、教务和日常管理工作。后因市馆人员对办班存有不同认识，使具体负责该项工作人员的积极性受到较大的影响，不愿意再继续承担办班工作。1996 年，图书馆学前班停办。所聘请的人员解聘，馆所派人员回馆上班。

图 5-7　学前班老师、市馆少儿部主任梁金秀正在上课

第十二节　房地产开发大潮中的市图书馆宿舍建设

20 世纪 90 年代初，中国房地产开发大潮涌起。1990 年 5 月，《城镇国有土地使用权出让和转让暂行条例》的出台，为土地使用权有偿出让提供了具体依据，为建立可流转的房地产和房地产市场的形成奠定了基础。1991 年 11 月 23 日，国务院发布《关于全面推进城镇住房制度改革的意见》，明确规定了房改的分阶段及总目标、基本原则、有关政策、工作部署、工作领导等，对房改的深化进行起到了重要的依据作用。1992 年初，邓小平发表南方谈话，随后，中央向全国传达了《学习邓小平同志重要讲话的通知》，提出加快住房制度改革的步伐。中国改革开放之后有记录的第一次房地产热就此诞生。在这一大背景下，鄂州房地产开发公司如雨后春笋般出现。这些公司在鄂州遍寻开发项目，一些持有空余土地的单位和部门成了这些开发商眼中极好的合作伙伴。而对想有所发展，特别是对于

欲解决历年来十分难以解决的干部职工住房，空有土地而难以作为的单位和部门来说，却是一个极好的机缘。于是，单位或部门与开发商联合开发土地建房，成为全市有土地条件的单位和部门的普遍做法。1991 年，市广厦房地产开发公司与市馆接触，在馆党支部书记陈国治的主持下，经过数次商谈和运作，并经报市文化局批准同意后，市馆与市广厦房地产公司签署了共同开发建设图书馆职工宿舍楼合同。一年后，在市馆主楼后院，两栋 7 层 6 个单元共 84 户、总建筑面积约 2500 平方米的居住楼建成。其中，56 户为市广厦房地产公司所有，28 户为市图书馆所有。单位与开发商联合开发建房成功，一举解决了市馆干部职工多年无宿舍的困境，26 名干部职工获得住房。此后，这一单位与开发商联合开发建设住房的普遍做法被指有悖国家相关政策，主要是国家土地出让金流失的问题。单位和部门所拥有的土地属于国家所有，任何单位和个人是无权处置的。只是从客观来看，在全国，单位和部门的住房问题是个历史老大难问题，多年来政府也难以解决，加之当时全国上下正处在房屋改革的大潮中，大家自然不可错过机会。当然，政府国土部门后来还是依照相关政策，向各开发单位和部门征补流失的国土出让金。

第六章　启动自动化建设，事业全面发展（1995～2002年）

20世纪90年代，市馆工作有了重大推进：在全国第二次公共图书馆评估中，仍然被评定为国家二级馆，依照评估标准，市馆全面推进事业建设，年购书经费大幅增长，并开始采用图书馆自动化系统（ILAS）和中国机读目录规范格式（CNMARC）著录图书，市馆自动化建设初步启动；湖北省图书馆学会第九届学术年会在鄂州市召开；在市知识工程领导小组的领导下开展多项读书活动；全面实施人事制度改革；省级课题《湖北长江经济带文献信息开发丛书——鄂州名优特产录》的完成，以及延续了多年的文明创建工作，使市馆各项工作有了长足的发展。

第一节　人事制度改革、队伍建设与各类规章制度的建立

一、人事制度改革

中国的文化体制改革在经历了1978～1991年改革酝酿和初步展开阶段和1992～2001年改革稳步推进阶段后，虽然取得了较大成绩，但对于文化体制改革重大意义和文化建设战略地位的认识仍不够充分，从效果上看，因各种不定因素和各方面进程不一，所谓曾有“打破铁饭碗”的提法只是画虎于壁。这项重大的工程并未达到应有的效果，直至2002年改革方实现重大突破。这个阶段的改革在党和政府的高度重视下，在改革试点取得成功的基础上全面提速，实现了一系列重大突破：2002年11月8日中共十

六大召开后，中国文化体制改革的步伐明显加快，文化体制改革的目的、意义、主要任务和实施重点更加明确。2000 年，中组部和人事部联合下发了《关于加快推进事业单位人事制度改革的意见》，同年，国务院办公厅又转发了人事部《关于在事业单位试行人员聘用制度的通知》。是年 6 月，中共中央办公厅又下发了《深化干部人事制度改革纲要》，其中，专门对事业单位人事制度改革提出了要求。长期以来的事业单位一直沿用计划体制下行政机关的管理模式将被打破。

2002 年，鄂州市市直事业单位机构改革全面铺开。鄂州全市的事业单位将在人员的管理上，实施“定编”政策。“定编”后，单位如要补入新的人员，必须在市人事部门的统一领导和组织下，在全市乃至全国范围内进行公开招聘，执行“逢进必考”政策。

1985 年，市馆张三育拟有《勇于探索，勇于前进》的市馆改革方案。方案在试行中，在考勤和考绩上已部分实施，有些条目已成为干部职工在工作中的自觉行为准则。1988 年，市馆按照市政府人事部门的要求，进行定编和职称改革工作。该时期市馆还受市职改办的委托，负责对全市图书馆界参加职称评考人员的初审等工作，并多次接待鄂城钢铁厂、市三江师范学院等单位就图书馆职称改革一事的来人来访。此后，市馆还进行过多次人事制度的改革，但多为部门与职工在岗位上的“双向选择”、竞争上岗、改中层干部任命制为竞聘制等方面。这些变革虽然在一定程度上起到了激励先进、鞭策后进，对于推动工作向前发展有积极的作用，但成效不太明显。2001 年，市馆实施全员聘用合同管理，中层干部竞争上岗，职工与部门、与中层干部，中层干部与职工实行“多向选择”。这一举措除极大地调动了干部群众的积极性外，还为下一步的深化改革打下了良好的基础。

2002 年，《中共鄂州市委、鄂州市人民政府关于市直事业单位机构改革的意见》（鄂州发〔2002〕9 号）、鄂州市机构编制委员会的《关于进一步加强人员编制管理的通知》（鄂州编制〔2002〕45 号）先后下发，鄂州市事业单位人事制度改革全面展开。是年，市文化体育局，根据市人事改革工作的总体部署，开始进行全面的人事制度改革。市馆被市文化体育局列为这次改革的重点单位。此次改革，是一场真正对市馆职工有着深度触动的改革。在人员的管理上，事业单位将实施“定编”新政，即单位原定额人数是多少，就是多少，其超额人员为“非在编”人员，这对文化部门在人员上普遍超编的单位来说，是一大难题。

2001年，为将这次人事制度改革工作积极、稳妥地推进，市馆主动地进行了相应的调查研究和思想动员工作，多次在馆务会和职工大会上向干部职工“吹风”，在全馆形成“在改革中寻活力，在改革中求发展”的良好氛围，为顺利地进行这次改革做了充分的舆论准备。2002年初，市馆《关于成立鄂州市图书馆人事制度改革领导小组的通知》（鄂州图字〔2002〕12号）下发，馆长李向东任改革领导小组组长，小组成员有严国俊、樊小庆、王冈宁、刘菊花。馆改革领导小组成立后，依据上级相关文件政策，在详细调查和充分酝酿讨论研究的基础上，制定出《鄂州市图书馆机构人员编制方案》等，经过多次大、小会议的研究讨论修改，方案得以通过。

2002年8月，市文体局人事改革办公室派员到市馆进行先期摸底调查，了解干部职工的现状和思想动态。9月24日，市人事局职称科科长杨希文，市文体局科长管惠文等一行4人来馆，专门听取市馆关于定员定编工作进展情况汇报。馆改革领导小组组长李向东向上级领导作了情况汇报。是年10月1日，市文化体育局定编人事改革会议召开，进一步推动改革工作的进行。在馆改革领导小组制定的《鄂州市图书馆机构人员编制方案》中，就各部门设置、各部门人员数等作出规定要求。在《鄂州市图书馆中层干部聘任办法》中，有竞聘职数、范围及对象，竞聘人员基本条件，竞聘程序和办法等五大项。并设有《中层干部申请人竞选部门（岗位）意向表》、中层干部申请人竞选部门（岗位）全馆职工现场评分表》和《中层干部申请人竞选部门改革领导小组和专家评审表》。此外，还编制出《关于鄂州市少年儿童图书馆机构人员编制方案》。

2002年10月23日，市馆改革领导小组召开全馆干部职工大会，传达全市和市文化体育局人事改革文件。11月3日，市文化体育局局长夏建国，局政工科对口指导图书馆人事改革工作的科长陈步红来馆，就市馆人事制度改革听取意见。此次改革范围广、层次深，其力度前所未有。因以往从未真正触及过个人利益，有的职工思想上有一定的压力，特别是对一些处于文件规定要求边缘的人员来说，是一大考验。市馆既积极推行也慎重走好每一步。根据相关文件精神，制定好定编、定岗等“六定”方案。11月5日，馆改革领导小组召开有全馆干部职工参加的事业单位定员定编大会。会上公布了有关本馆干部职工工龄（25年以上2人、20~24年5人、15~19年11人、10~14年7人、5~9年4人、1~4年4人）、馆龄

（20 年以上 3 人、15~19 年 11 人、10~14 年 6 人、5~9 年 8 人、1~4 年 5 人）等现实情况，下发《定编意见情况表》，广泛征求意见。11 月 11 日，馆改革领导小组再次召开全馆大会，市文化体育局科长陈步红到场督会。会上，干部职工对《定编意见情况表》中有关工龄、馆龄、职务职称、先进等权重比纷纷发表意见，大会最后作表决。在全部参加会议的 36 人中，赞同定编方案的有 31 人，不赞同定编方案的有 5 人，依少数服从多数的原则，定编方案通过并报市文化体育局审定。此后，市文体局《关于对〈市图书馆人员定编实施方案的通知〉的批复》（鄂州文体〔2002〕86 号）下达，市馆人员定编实施方案等获得批准。

2002 年 11 月 13 日，馆改革领导小组再次召开全馆干部职工大会。会上宣布了市文体局对市馆定编方案的批复，并由干部职工各自述职。当日下午，全体人员进行了专业考试。试题由市馆出，分为“填充、名词解释、问答、论述四个部分。12 月底，市馆定编工作全部完成，有 28 人定为编制内人员（俗称“在编”），8 人“非在编”。同年 12 月，在完成定编工作后，馆改革领导小组依据《鄂州市图书馆中层干部竞聘实施方案》，现有的部室主任全部解聘，重新在全馆干部职工中进行中层干部竞聘工作，并制定《中层干部人员演讲答辩评分标准》，标准分为“敬业精神、施政方针、管理能力、目标措施和综合素质”五项。满分为 100 分。竞选人演讲、答辩得分的部分，由馆改革领导小组和专家组投票评分、全馆职工现场投票评分组成，并分别占总分值的 60% 和 40%。经过个人演讲和投票，8 位部室主任竞聘成功：刘菊花任办公室主任、赵敏玲任采编辅导部主任、秦腊英任外借部主任、周春芬任报刊阅览部主任、夏玲华任少儿部主任、陈俊任信息部主任、周幼坤任电子阅览部主任、沈国祯任产业经营部主任。

二、队伍建设

1990 年 9 月，鄂州市编制委员会下发《关于核定市直事业单位的级别、编制控制数、人员结构及经费来源的通知》（鄂州编办〔1990〕6 号）。其中市图书馆编制控制数为 29 人。1993 年 5 月，市编委会下发《关于对市直事业单位追加统配人员编制的通知》（鄂州编办〔1993〕19 号），其中市图书馆增加编制 1 人。至此，市馆编制为 30 人。至 2002 年，市馆实际人数为46人（含离休退休5人），实际在岗人员41人。20世纪90年代是市馆干部职工队伍建设的最强时期。干部职工队伍普遍年轻有朝气，工作能效高，主要表现在：一是馆几位主要领导是老文化人，多年在文化系统工作，经验丰富，能放手让大家干；二是中层干部年富力强，业务较精、作风扎实、肯干且能干；三是职工普遍年轻，朝气蓬勃，工作有冲劲。整个队伍年轻、有朝气，老、中、青年龄层次及职称结构合理，队伍的思想素质和业务素质高，使整个90年代的工作紧张、有序、高效。全馆在岗的41人中，馆长和主管业务的副馆长均为副研究馆员，全馆5个部室主任中，3人具有副研究馆员职称。从馆领导到中层干部，其业务素质均达到或超过1982年文化部颁发的《省、市、自治区图书馆条例》、1992年湖北省文化厅正式下发的《湖北省中等城市图书馆标准》等条例和标准中的相关要求，即“主管业务的馆长（或副馆长）应逐步做到由具备副研究馆员以上技术职称的专业干部担任，各部正、副主任应逐步做到由具备馆员以上业务职称的专业干部担任”的要求。

为保持全馆干部职工队伍较好的思想和业务水平，多年来，市馆选派人员参加各级举办的学习班、培训班。如几次选派干部到市委党校学习，其中有1人被市政府批准为跨世纪学术和技术带头人，市专家协会会员；凡是省馆举办的业务学习，市馆都积极派人参加。1990年5月24日，市馆首次派沈国祯、夏玲华到省图书馆，学习《中国图书馆分类法》（第三版）。除鼓励和支持干部职工参加社会上举办的各类学习外，市馆还组织培训班，以巩固和提高干部职工的业务技能。2000年11月，全馆干部职工参加了干部教育培训和图书馆业务知识培训。在干部职工队伍中进行法制教育和反腐警示教育，开展“三五”普法讲座和法律知识竞赛等，以提高干部职工的思想素质；2001年10月中旬，市馆举办了中国机读目录格式（CNMARC）培训班；2002年底，全馆46人，其中离退休（职）8人，在职38人，70%以上人员具有大专以上学历。有副研究馆员5人，馆员16人，助理馆员、管理员17人。此外，市馆还接纳来馆实习的大学生。1991年，湖北省社会科学院派遣武汉大学图书情报学院毕业生、助理馆员梅珍生（后为享受国务院政府特殊津贴专家、湖北省社科院哲学研究所所长，研究员）来市馆进行为期半年的基层实践。

三、各类规章制度的建立健全

1978 年，县馆恢复建制后，制定了《图书馆阅览规则》等几项制度。因人员少，场地小，业务工作难以全面展开，相关业务制度未能建立。20 世纪 80 年代初，随着新馆的筹备建设开始和人员的不断增加，业务工作渐次展开。1985 年，省图书馆印发了《湖北省图书馆规章制度汇编》。为规范市馆工作，1986 年，市馆编制了有 23 条内容的《第一线服务人员语言行为与规范》，1987 年，制定了《鄂州市图书馆岗位职责和各项规章制度》。随着业务工作的全面开展，针对新人多、工作人员因调动对新岗位不熟悉、对部门情况了解不够、部门档案保存不全、工作人员对规则不了解、工作起来不顺手等诸多问题，以及经营管理中出现的问题，市馆又制定出新的规章制度。1994 年，市馆制定《鄂州市图书馆（室）书刊馆际互借交换制度》。由于新兴学科的不断涌现，一些交叉科学和边缘科学的出现，使相当多的出版物呈现多主题形式。为了适应这一发展和分类工作的需要，1996 年 10 月，由馆长助理樊小庆起草，并组织采编、辅导等部门人员多次讨论研究和修改，制定《鄂州市图书馆图书分类工作要则》。2000 年及以后，市馆一方面向大家重申原有的工作规则；另一方面由馆长张志明、李向东先后起草补充制定了多项制度和管理办法。2000 年，市馆制定了《鄂州市图书馆部室人员岗位调动书刊移交规定》《鄂州市图书馆普通图书采购原则》《鄂州市图书馆藏书布局原则》《鄂州市图书馆补文创收管理办法》等。至 2002 年，市馆先后共制定、修订《职工借书制度》《读者借阅规定》《阅览规则》《鄂州市图书馆书刊保管制度》《图书分编岗位职责》《鄂州市图书馆地方文献征集管理使用办法》《鄂州市图书馆藏书剔旧（注销）暂行规定》《鄂州市图书馆报刊装订规则》《鄂州市图书馆职工奖惩条例》《鄂州市图书馆工作人员考勤制度》《鄂州市图书馆会议制度》等规章制度。在工作中做到以制度进行管理，无论部门怎样变动，人员如何调岗，都有据可依、有史可查，从而保持了工作的连续性，提高了工作效率。

第二节　初步启动管理自动化建设

一、项目的启动与运行

20 世纪 80 年代以来，随着科学技术的迅猛发展，社会生活节奏日益加快，知识更新周期迅速缩短，书刊文献急剧增长。现代图书馆只有采取自动化、现代化的管理手段及服务方式，才能满足文献大量累积，以及读者日趋多样的需要这一双重挑战。1987 年 8 月，中宣部、文化部、国家教委、中国科学院在《关于改进和加强图书馆工作的报告》中提出“在条件具备时组成计算机化图书馆网络”。同年 11 月，文化部主持召开了“图书馆自动化集成系统”鉴定会，自此我国图书馆自动化事业走向全面实用阶段。

1990~1999 年，湖北省各类型图书馆全面推进自动化、网络化建设①该时期黄石、崇阳等市、县图书馆率先开始运用。在全省全面推行自动化、网络化建设的热潮中，市馆于 90 年代中后期开始在采编部和自科外借部门试用。1999 年后，市馆开始正式启动计算机于管理方面的运用。

为尽快采用计算机管理并逐步实现计算机网络化，拓展服务范围，提高管理水平，跟上社会发展步伐，1998 年，在全国第二次评估中，市政府拨专款 15 万元用于市馆自动化建设。对于首次为评估投入的自动化建设款项，市领导十分重视，市委宣传部、市财政局和市文化体育局领导先后到市馆检查指导。市馆经过反复研究，确定了计算机网络在全省中等城市图书馆中设施最先进，5~10 年不落后的目标，派人到武汉多方摸底、洽谈，购置 IBM 主服务器 1 台，实达牌一体化终端 9 台及其他辅助设备。因后续资金不足，仅购置采编、流通和期刊子系统，但未正式投入使用。

1997 年是市馆图书管理自动化建设初试年，启用公共图书馆界通用的中国机读目录规范格式（CNMARC），对中文图书著录，并开始采用图书

① 汤旭岩，严继东 . 1980~2000 年湖北省图书馆事业史略［J］. 图书情报论坛，2012（4）.

馆自动化集成系统（ILAS）系统分编图书。是年，市馆配置防盗自动监控仪等相关设备，在外借部自科外借处试运行。1999 年，计算机管理在外借部自科室正式投入使用，运行情况良好。

1999 年，市馆开始全面实施图书数据录入、修改、查找等计算机网络化管理工作，完成了计算机局域网络的建设和调试。同年 12 月，市馆计算机局域网络主服务器被盗，造成了网络停用（此案后告破）。同年，市馆动员全馆力量，在较短时间内完成书目录入近 2 万条的回溯建库工作。2001 年初，全馆基本完成了流通部门图书回溯建库工作。除书刊交流中心和综合外借处外，各部室条码粘贴完毕。是年起，计算机正式应用于馆采编部，图书加工给流水号码的打码方式终止，由粘贴条码代替。回溯建库工作在其他部门全面展开。

2002 年，自动监控仪在外借部社科外借处正式投入使用，计算机管理正式在全馆除阅览部外的各个部门使用。

二、人员的培训

1996 年起，省内各类型图书馆自动化建设全面推进。1997 年，市馆派夏玲华、张云、秦腊英、陈奕等参加由省图书馆举办的计算机专业知识培训班和图书馆自动化集成系统（ILAS）培训班学习。1998 年，市馆计算机等自动化设备到馆后，这批经过培训的人员成为工作中的骨干力量。2000 年，市馆举办了图书馆自动化学习班，对全馆人员进行 ILAS 培训。由信息部主任张云主讲。学习内容为 ILAS 操作系统和中国机读目录规范格式（CNMARC）。培训班共开办了两期，受训人员基本上掌握了所学科目的基础知识和操作方法。

三、回溯建库

除去闭架书库，市馆对外开放的社科外借处、自科外借处和地方文献室共有藏书 10 万余册，其中包括石景宜先生捐赠的港台版图书以及地方文献室所藏工具书。为了尽快将自动化应用于日常工作，1998 年，经馆领导反复研究后，制定出建库方案，决定对外借处所藏图书进行闭馆倒架，做好回溯建库的前期准备。该处有二套卡片目录（字顺目录和分类目录），因多年的使用，目录卡片有破损丢失等情况。市馆采取书对卡，证对书的办法，将有卡无书，有书无卡和书卡不符的卡片清理出来，或补齐卡片，或剔除卡片，力求达到书卡对应准确后，再组织专班人员根据卡片的数据进行回溯建库的数据录入。地方文献室和石景宜捐赠图书，因没有对外借出和流通量小，则直接根据公务目录卡进行回溯建库。6 月 11 日起，市馆组织吴兵文等 9 人开始进行回溯建库。至 7 月 18 日，录入数据 10049 条，经过数天的努力，基本完成了全部对外开放的图书回溯建库工作。对于开架书库中流通率极低的藏书，采取临时录入的方法，这样既不耽误正常的开馆时间，也使书库中可用但十分陈旧的图书不至于完全成为“死书”。至于闭架书库的藏书，则留作以后有需要再来完成。

在回溯建库的同时，市馆以外借部人员为主，加快了对旧书条码的粘贴速度。旧书条码依照湖北省馆的条码编制，条码类型为大 39 码，码长 7 位数，限在百万位以内。旧书条码以 1 开头，自 1000001 开始，顺号编制。

回溯建库后的中文机读目录（MARC）数据，通过图书馆自动化系统（ILAS）条码库的链接，书架上的书与数据库中的 MARC 数据进行无缝链接。经过全馆上下两个多月的努力，完成了回溯建库工作。

四、采编部首上 ILAS1.0 系统

1988 年，深圳图书馆承担了文化部国家重点科技项目，并组织开发出一套图书馆自动化集成系统（ILAS），该系统是一套能适应国内外不同层次、多种规模、各种类型图书馆使用的图书馆自动化系统。1997 年市馆从湖北省图书馆购入的 ILAS1.0 系统属于小型版，最大用户数为 8 用户，基于 unix 系统开发。因经费原因，市馆仅购入了编目，流通和连续出版物 3 个子系统。

在外借部开展回溯建库工作的同时，采编部也加快新书录入的步伐。新书在版权页和封三粘贴条码。条码与旧书区别开，以 2 开头，2000001 为首，顺号编制。

采编工作需要预先设置好一些参数。如条码分区。市馆设定的条码分区参数为：1000001～19999999 旧书；2000001～29999999 新入藏中文图书；3000001～39999999 中文期刊；4000001～4999999 少儿部期刊；90000001～99999999 读者证。馆藏地点：001 社科、002 自科、003 地方文献室、004

少儿、005（空）006（空）、007 书刊交流中心。

因未购入采访子系统，所以市馆在新书到馆后，直接在编目系统进行新书录入。根据工作流程，先设置必录字段，根据市馆实际和以前卡片录入字段，共设定了 6 个字段为必须字段：010 字段 ISBN 项、200 字段题名项、700 字段和 701 责任者项、690 字段分类项、905 字段馆藏项等，其他如 300 等主题词项，则不是必录入，这样简化了工作流程，加快了工作进度。工作人员日均可录入 30 种新书。时因采编部人员较少，未安排专门的数据审校人员，一般都是录入人员按批次审校数据。

按照工作流程一批书审校完成即可进行 MARC 数据交送阶段。采编部先将 MARC 数据交送到中央书目库，再将图书按批次和馆藏地点，送到相应的流通部门，办理相应的交接手续，即完成了新书的分类和编目工作。

2002 年，市馆全部完成了图书馆业务管理从手工操作到计算机管理的过渡。

第三节　系列读书工程

1978 年恢复鄂城县图书馆建制后，图书馆除逐步恢复基础业务建设外，还主办有读书活动。活动得到了教育、妇联、科技等领导部门的支持。县馆升格市馆后，组织读书活动仍然是图书馆的主要工作之一。在诸多读书活动中，市馆主动与团市委、市妇联、市科协、市总工会以及社会群团组织联合，使活动有尽量多的人参与进来，以取得更好的效果。20 世纪 90 年代中后期，中宣部、文化部、科技部、教育部、广电总局、新闻出版署、全国总工会、共青团中央、全国妇联九个部门共同组织实施“知识工程”，以“倡导全民读书，建设阅读社会”为宗旨，努力提高国民素质，为知识经济的发展做贡献。此后，湖北省委宣传部、湖北省文化厅等 13 个部委办厅局及有关单位联合发出《关于在全省组织实施知识工程的通知》，并成立知识工程领导小组。

一、知识工程

1996 年，鄂州市知识工程领导小组成立，领导小组首任组长为分管文化教育的副市长朱曙霞，领导小组成员单位有市委宣传部、团市委、市妇联以及当地文化、教育、新闻等 13 家部门。市知识工程领导小组办公室设在市文化局内。文化局局长夏建国为首任办公室主任。知识工程领导小组的职责，是组织和领导群众性读书活动的开展。自此，市内大型读书活动均以市知识工程领导小组名义举行。

此后，市知识工程领导小组通过积极组织、引导群众性读书活动的深入开展，借助电视、报纸等媒体，宣传知识工程，不断扩大社会影响。加强乡镇、街道图书室与村落、社区基层阅读设施建设，广泛开展捐书助农、送书、送知识下乡活动。在其领导下，市馆开展了“亚农·兴鄂杯”征文、全市“百佳读者”评选等多项知识工程读书活动。

1999 年，省“知识工程”领导小组在全省组织开展了以“祖国颂、改革开放颂、社会主义颂”为主题的“三颂”读书征文活动，市馆积极响应，在市知识工程领导小组的组织下，积极组织征文。其中市馆老读者、享受国务院津贴的专家、市公路段副段长邵树人的《图书馆——我漂泊宁静的港湾》征文获成人组一等奖，市馆副馆长范炜的《〈哥德巴赫猜想〉的猜想》，获成人组二等奖，鄂州市第一中学王涛的《相约九九——给澳门中学的一封信》获少儿组二等奖，市知识工程领导小组办公室获“组织奖”。6 月，市馆举办“迎澳门·盼回归”有奖征文竞赛，全市有鄂城钢铁厂、鄂州职业大学、中南职业学校、武警鄂州消防支队等 20 多个单位，共 1000 余人参加，共收到征文 120 余篇。这些作者中有 70 多岁的退休老工人，有十几岁的学生，有德高望重的特级教师，有自强不息拼搏在市场经济中的下岗职工。经过评选，市再生资源公司吴淑琼、市绿化管理处范志云的诗《母亲的絮语》，市钟厂江晓荣的散文《终于等到了你》荣获一等奖，鄂州高中特级教师曾定鸿的散文《隔水望明珠，情系澳门归》等 4 篇获二等奖，市粮食局退休职工汪智涛的《回归忆史》等 5 篇获三等奖，有 15 篇获优秀奖。9 月，市馆举办了历时 5 个多月的“庆祝新中国建国 50 周年知识竞赛”活动。此次活动是市馆举办的众多活动中规模最大的一次，共发出试卷 2.5 万份，参赛人员有城乡行政企事业单位的干部职工和大中小学校的学生 2 万余人。活动结束时，市知识工程领导小组在市馆三楼自修大厅举行了隆重的颁奖仪式。市委常委、宣传部部长龚强华，市人大常委会副主任胡盛海，市政协副主席刘法军，市文化体育局局长夏建国等领导到会，为 30 多名竞赛等级奖、18 个组织奖和 500 名纪念奖获奖者颁奖。2001 年 3 月，市馆在市知识工程领导小组的组织下，参加全省组织的“迎新世纪湖北‘亚农·兴鄂杯’农民读书用书征文”竞赛，共收征文 20 余篇。7 月，在市知识工程领导小组的组织下，市馆参加省知识工程领导小组组织的“以代表先进文化前进方向的中国共产党”为主题的征文活动，其中市馆江新梅与市劳动和社会保障局干部邱风合著的《以“三个代表”为指导，繁荣发展先进文化》获征文三等奖。

2000 年，市馆与市广播电台联合开展“有奖竞答”读书活动，通过电台《休闲快车》栏目，将群众性的读书活动推广到本市城乡千家万户。

为使知识工程向纵深发展，市知识工程办公室还专门编写简报，将知识工程领导组织情况、读书活动期间的动态等印发到市知识工程 13 家成员单位、乡镇文化站和其他部门，以期让社会上更多的人了解并参与到读书活动中。

二、服务宣传周

20 世纪 80 年代末期，面对“公众阅读率持续走低”“图书馆人气不旺”的情况，为提高公共图书馆的服务水平，扩大公共图书馆的社会影响力，文化部确定自 1989 年起，每年 5 月的最后一周，在全国范围内开展图书馆服务宣传周活动。每年的活动都有一个主题，由文化部图书馆司确定，全国各个公共图书馆围绕该主题，结合本地实际情况，开展各种宣传活动，增强全社会的图书馆意识，树立图书馆的良好印象。省文化厅要求全省各级各类图书馆集中开展各种主题宣传活动。

对于图书馆服务宣传周活动，市馆十分重视，每年都认真制定活动方案，配合全市的总体安排，做好宣传鄂州市图书馆的准备工作。服务宣传周期间，市馆在馆内外举办一系列的活动：开展鄂州市图书馆基本情况展示利用图书馆的展示读书成果；专题讲座；有奖知识竞赛；现场办理借书证；召开读者座谈会等多种方式，并从活动的内容和形式上不断创新。1996 年起，在省文化厅等上级部门的联合指导下，市文化局联合市教委、市科委、市总工会统一行动，开展了第八届图书馆服务宣传周活动。此后活动的联办部门进一步扩大，达到 13 个部门。1998 年，由市知识工程领导小组办公室发文，以“宣传知识工程，倡导读书，传播知识，推动社会文明与进步”为主题开展全省第 9 届宣传周活动。至 2002 年，市馆连续举办了 14 届宣传周活动（见图 6–1）。

图 6–1　1992 年 5 月底，市馆到武昌大道开展图书馆服务宣传周活动

服务宣传周期间，市馆除在街头进行宣传外，还积极举办多种不同形式的读书活动。1998 年 5 月，市馆举办“第十届图书馆服务宣传周暨‘首届 10 名最佳读者’”评选活动。活动中有百余名读者参加评选，10 名读者获“最佳读者”称号。是年 10 月，市馆开展“重点读者巡礼——科技读者访谈”活动，有 300 余名读者观看了市馆重点读者袁锦华（市委政策研究室研究员）、张济元（市蔬菜局蔬菜专家）、施复林（市供电局工程师）、邵文川（市群众艺术馆副研究馆员）、丁觉生（市异型轧钢厂工程师）、周崇新（市卫生局高级工程师）、吴志剑（市造纸公司工程师）、刘家彦（市煤化局工程师）等的读书事迹成果展。

2000 年，全省图书馆开展了以“传播科学知识、宣传科学思想、倡导科学方法、弘扬科学精神”为主题的图书馆服务宣传周活动。6 月 1 日，市馆少儿部举办了少儿科学有奖知识抢答活动，来自全市的 13 所中小学 300 多名学生参加了竞赛；市馆邀请了鄂州市十大名师、市政协常委、鄂州职业大学教授杨保林做了题为“国际高新技术的发展”的专题讲座。3

日，市文化、司法联合帮教会在市监狱三中队举行，市政协副主席周振祺、市司法局局长陈新佳、市文化体育局副局长江国超出席赠书建点仪式。会上，市图书馆馆长张志明与三中队黄指导员共同签订了《联合帮教协议书》，并向三中队赠书 300 册。市图书馆原馆长、律师张伟，副馆长樊小庆，副研究馆员江新梅分别为 78 名被监管人员作法律、市场经济知识等宣讲。9 月 27 日，馆长张志明又带领人员到市监狱三中队，与其共同举办普法教育讲座。几次在监狱开展的读书活动，对图书馆与监狱对人犯的联合帮教起到了积极的作用。该中队近 80 名人犯写下了读书听讲座心得。

是年 12 月，市馆在新世界商厦门前举行主题为“传播科学知识，宣传科学思想，倡导科学方法，弘扬科学精神”的首届全民读书月暨第十二届服务宣传周活动启动仪式，有鄂州职业大学、市一中等 20 余家单位图书馆（室）和现场百余群众参加，并进行千人签名活动。是年，市馆荣获省知识工程办公室颁发的“全省第十二届图书馆服务宣传周组织奖”“鄂州市千禧年迎国庆文化活动周组织奖”。

此外，在服务宣传周尾期，正值“六一”国际儿童节的到来。市馆少儿部每年都会举行各种内容和形式的活动，这其中就有保持了近 20 年的庆“六一”故事会、诗歌朗诵会活动，并组织文艺联欢、猜谜语、有奖知识竞赛、韵律操表演等多项活动。1992 年，市馆在举办“少儿百科知识有奖竞赛”中，共发动全市 40 多所学校的 4000 余名学生参加，活动评出特等奖 1 名、一等奖 5 名、二等奖 7 名、三等奖 30 名，在全市学校中得到了良好反响。这些活动的开展，吸引了更多的读者，其中很多人成了图书馆的长年读者，特别是在少年儿童心中播撒下了热爱读书的种子。多项活动的开展，使到馆的读者、特别是少儿读者有着显著的增长。

三、全民读书月等工程

（一）被监管人员读书心得征文评奖

为进一步促进被监管人员读书活动的开展，让更加多的被监管人员能通过阅读有益书刊，达到净化心灵、健全人生、有利自身改造的目的，1991 年，市文化局与市公安局、市司法局联合举办“被监禁人员读书心得征文活动”。在上级部门的指导下，市馆在市劳改独立大队入监队开展了

"读书反省，荡涤心灵"联合帮教活动。活动期间，市馆送书15次，流通图书1700余册。该项活动共开办23期，据入监队读书报告统计，先后有500名被监管人员参加读书活动。通过读书，有11人思想改造深刻，并获减刑奖励，2人获假释，60人次立功被表扬。虽不能说被监管人员获减刑、获假释一定是读了书后的效果，但通过读书，他们的心灵得到了一定净化作用则是肯定的。在活动的基础上，市馆组织了读书心得20余篇，参加全省被监管人员读书心得征文评奖。1994年，市馆参加省文化厅、省综治委、省公安厅、省司法厅联合举办的第二届被监管人员读书心得征文活动，活动共收征文25篇，推荐送省4篇，其中，本市看守所人犯邵某某征文《路》获纪念奖，市图书馆、市司法局、市看守所获"组织辅导奖"。

（二）"书与社会"读书征文评奖

1998年6月，省知识工程领导小组在全省举办首届"书与社会"读书征文活动。市馆在市知识工程领导小组的指导下，积极响应，并在全市发起"书与社会"读书征文活动。参加活动者达1.25万余人次，共收征文1万篇。经过市知识工程领导小组的评选，有276篇征文进入初选，其中送市知识工程领导小组"书与社会"读书征文办公室参评39篇，市委宣传部湛有恒《书——走向成功阶梯》获成人组一等奖，澜湖中学严洪丹《书·人·社会》、西山小学朱志楠《我渴望读书》获少儿组三等奖，市图书馆获征文组织奖。1999年"书与社会"征文活动结束后，市馆集结出版了读书征文专集《心中永远的圣地》。2000年10月，省知识工程领导小组通报全省"书与社会"征文比赛结果，由市馆组织选送的征文中，鄂州日报社邱祥启、市群艺馆姜继尚等6人分获三等奖和优秀奖；市教育委员会、市图书馆获组织奖。

（三）全民读书月

"全民读书月"由中宣部、文化部等9个部委于2000年共同发起。从该年起，将每年的12月定为"全民读书月"。这项以"倡导全民读书，建设阅读社会"为宗旨的读书活动开展以来，鄂州全社会大兴勤奋学习之风，营造了全民读书的良好氛围。在读书月活动期间，市馆认真制定计划，在市知识工程领导小组的指导下，开展了专题讲座、有奖征文竞赛、书目推荐等，引导市民积极参与读书活动。

2000 年，首届全民读书月活动举办以来，市馆的读书活动更加兴旺。是年，市馆举办了“鄂州市图书馆读书知识竞赛”等系列活动。在“读书知识竞赛”活动中，市馆共印发试卷 1000 份，组织城区 15 所中小学校 200 余学生，以及干部和军人参加答题，同时编制出专题推荐书目提供给参赛者。此项活动共评出一等奖 1 名、二等奖 4 名、三等奖 11 名、团体奖 3 名；举办了旨在提高少年儿童中国传统文化知识素养的少儿唐诗宋词、散文朗诵会。

2001 年 4 月，市馆举办主题为“倡导全民读书，发扬科学精神，培养文明健康的生活方式”的第二届全民读书月暨第十三届服务宣传周活动。活动由市知识工程领导小组牵头，组织市教委、市总工会、市广播电视台等部门，以城区为主阵地开展各项读书活动，有 2 万人参加。

2002 年 5 月，市馆在明堂市场广场前举办第三届全民读书月暨第十四届图书馆服务宣传周活动。活动主题是“传播先进文化，提高全民素质”。活动共展出新书 1000 余册，“湖北省公共图书馆条例宣传挂图”展牌 16 幅，接待参展咨询读者 500 余人次，发放宣传资料 600 余份。6 月，举办了“庆六一，读一本好书，争做文明小读者”科普知识竞赛活动，有市区 12 所中小学校的近百名学生参加活动。8 月，市馆举办“20 年的腾飞——我的读书收获暨首届‘读书标兵’评选”活动，市馆读者、市劳动和社会保障局的邱风，市社科联的万海滨，市樊口街办的徐木清，市粮食局的杜政宁，市政府的周文兴，鄂州日报的社柴秣，武钢程潮铁矿子弟中学的叶新龙，市文体局的肖成旭，鄂钢的汪宏，鄂州职业大学的李凤英，新庙中学的王治银，市亚都商场的李银香，胡林粮管所的吴保林 13 人荣膺读书标兵称号。

四、少儿读者活动

系列读书工程的开展，极大地推动了少儿读者工作的开展。自 1983 年开始的“红领巾读书活动”后的 20 年中，每年的“六一”儿童节，市馆主办的少儿故事会、诗歌朗诵等活动已成为“红领巾读书活动”中的一个品牌。其间市馆少儿部共举办故事会、诗歌朗诵、有奖竞猜、百科知识竞赛、演讲比赛、少儿歌舞、少儿读书征文等活动 200 余次。

1984 年，市馆刚由县级馆升格为地市级馆之初，就在有限的馆舍面积上开辟了少儿借阅室，借阅室面积约30平方米，有期刊画报10余种。因举办的“红领巾读书活动”富有成效，1985年市馆被省文化厅评为全省少儿工作先进单位。1988年搬迁新馆后，少儿综合借阅厅面积达64平方米，阅览座位20余个，报纸、期刊画报50余种，藏书800余册。1994年，市少儿图书馆被批准成立，但无独立编制和经费，与市图书馆共一个领导班子。

根据少儿读者的日益增长、小读者越来越多的情况，为让他们读好书、好读书，积极参与少儿图书馆工作与活动，2000年，市馆少儿部张景瑞制定出酝酿已久的《鄂州市少儿图书馆少儿读者协会方案》。

2001年，少儿部从一楼搬迁到三楼，面积比原来扩大了2倍，并由半天开放改为全天开放，同时实行了全开架服务。

2002年，少儿借阅室发展到180平方米，座位60余个。藏书由建馆之初的800余册发展到1.3万册。是年，市馆被市科协代表湖北省科协授为湖北省科普工作基地。

2006年6月2日，市少儿图书馆少儿读者协会成立。报名参加少儿读者协会的有城区12所中小学校的中小学生200多名，经过认真筛选，有百余名品学兼优的学生加入了协会。协会的成立为少儿读者开辟了一个崭新的第二课堂，提供了一个良好的社会教育实践环境，对少儿读者德智体的发展起到了良好的作用，并在少儿读者之间形成一种爱读书、爱学习的良好的风尚。但后来由于部门领导的变动等因素，协会的活动未能坚持下去。

专记：

（1）举办“鄂州市纪念抗日战争和世界反法西斯战争胜利50周年知识竞赛”。

1995年5月，“鄂州市纪念抗日战争和世界反法西斯战争胜利50周年知识竞赛”举行。此项活动为市馆建馆以来所组织举办的以有偿印发竞赛试卷，以活动养活动方式之首创。全市有机关单位、学校、厂矿企业约60家1.5万人参加竞赛。市馆共发行试卷13291份，回收11290份。活动期间，市馆组织编写了相关书目，向参赛者推荐相关书刊。此次竞赛共设等级奖16名、团体奖4名、组织奖10名、纪念奖276名（包括43家单位）。8月7日，经过月余的试卷评分和抽查，全部参赛者成绩确定。何卉、詹志征、余火林等16人分别获一、二、三等奖；新民街小学等4家单位获团体奖；市工商业局等19家单位获组织奖。9月2日上午，颁奖大会在市馆三楼举行。市第一中学、市工商局等 50 余家单位派出代表参加。市人大常委会副主任胡盛海、宋大文，团市委书记周彩娟，市教育局、市文化局等领导到会，出席颁奖仪式并发表讲话。市电视台、市经济电视台、鄂州日报社等均派记者参会报道。

（2）“风华电子杯”读书活动的举办。

“风华电子杯——知识就是力量读书征文”为市馆建馆以来，首次由企业冠名赞助而举办的活动。2001 年，在市风华电子商厦的赞助下，市馆与市写作协会联合举办的“风华电子杯——知识就是力量读书征文”活动在 4 月底开始进行。经过近一个月的努力，征文活动取得了圆满成功。此次活动参赛人员 300 余人，共收到征文 207 篇。经市馆组织市作协专家等 10 余人的评选，评出一等奖 2 篇、二等奖 4 篇、三等奖 6 篇、优秀奖 15 篇、组织奖 2 名。5 月 29 日，市馆在市中心新世界商厦门前举行了颁奖仪式。此后，市馆还在湖北枫树制线股份有限公司的赞助下，举办了全市“枫树杯有奖知识竞赛”。

拉企业赞助举办读书活动，虽开创了图书馆不用花费自己的资金就能举办活动的先河，但实为图书馆长年经费紧张所致的无奈之举，也是难以效仿的。这也是在市场经济中公益单位所面临的窘境之一。

（3）鄂州市写作学会。在 20 世纪 90 年代至新世纪初，市馆在主办的读书活动中，得到了市写作学会的积极支持。

1995 年 1 月成立的市写作学会，中共鄂州市委副书记徐景炫任名誉主席，主席为市文联副主席孟繁华，邱风任副主席兼秘书长。

鄂州市写作学会成立后，主办了一系列读书写作活动，如“文星笔会”“鄂州市首届精短作品大展”“面向全国的‘银鸽杯’小说、随笔征文大奖赛”、开展校园文学大赛、开办文学讲座，等等。这是一个在全市影响极大、会员由政府公职人员、文化、教育等社会各界写作人士组成的社会读书团体，其创办的一年一度的谷雨笔会更是全省闻名，后成为鄂州市作家协会一活动品牌。

20 世纪 90 年代后期，市写作学会与市图书馆建立了读书合作关系，并在市图书馆设立了办公室、信箱、办公电话，学会档案、成果挂牌等也存放于此。学会副主席邱风代表写作学会，积极联合或协助市馆开展读书活动。2001 年 5 月，市图书馆与市写作学会联合举办了“风华电子杯——知识就是力量”读书征文活动。2002 年 4~6 月，写作学会与市图书馆联合举办了“枫树杯——我与图书馆的故事”读书征文活动，得到社会各界积极响应。此后，学会还协助市馆举办“全民读书月”征文活动、鄂州十大藏书家评选活动和读书成果的编撰，以及为搜集鄂州地方文献做了大量的工作。

五、阵地工作

市馆除在市知识工程领导小组的领导下办好各项读书活动外，其阵地工作仍然按照年度既定计划进行。1998 年 6 月 3 日第二次全国公共图书馆评估定级工作时，市馆开放时间增加到 60 小时/周，外借和阅览两个主要服务窗口中午不闭馆，全天开放。1999 年 1 月，根据省文化厅下发的《关于公共图书馆春节期间做好读者服务工作的通知》，市馆从该年起，开馆时间调整为大年初一至初七全天开放，其他节假日均不闭馆（见图 6-2）。

图 6-2　1999 年 5 月，市馆一楼报刊阅览厅一角

20 世纪 90 年代末期至 2002 年，在市馆流通与阅览部门的到馆读者中，成人与少儿读者的到馆率明显呈两极分化：到馆阅读的成人读者有逐渐减少的趋向。市馆《2001 年度业务工作调查报告》显示，成人读者到馆率仅占全市城区人口的 0.06%。馆流通部门工作月报表显示，有时日接待读者量仅 70 余人。2002 年因未进新书，更加剧了读者到馆率的锐减，流通部门前 4 个月接待读者仅 4000 余人次，甚至有的部门日读者借阅量降至 30 余人次，月办借书证仅百余个。而与之相反的是，少儿读者却与日俱增，仅 4 个月就接待读者 1.6 万余人，月办借书证 300 余个。因经费拮据等因素的影响而全年未购买一册新书，是市馆自恢复建制以来从未有过的。为缓解读者因为无新书可读、读者流失的窘境，市馆业务部门不得不想方设法，将曾经打包搁置的旧书进行了清理，将其中仍然可用的部分经过修补和加工后投入流通，以增加藏量，提高图书馆的人气。

2000 年，因内部管理和“以文补文”工作遇到的问题和困难，市馆的补文创收出现下滑，经费严重短缺，但市馆仍然想方设法筹资 4.5 万元，用于购置设备，新添置钢质书架 20 乘，电子自动报警仪器 3 台。次年，为满足日益扩大的少儿读者队伍的阅读需要，亦即为在一楼新开电子阅览室作准备，少儿部从一楼搬迁至三楼，面积扩大了 2 倍。同时，市馆还多次到市政府和市计划、财政等部门，积极抓好图书馆二期工程（少儿馆）和电子阅览室的筹建工作。

（一）转变观念，实行全开架方式与挂牌服务

县馆时期起，本馆就奉行“读者第一”“服务至上”的观念，在干部和职工中牢牢树立读者是“上帝”的思想。1988 年实行流通部门半开架、阅览室部门全开架服务方式后，随着自动化建设的逐步投入，干部职工思想的观念进一步转变，2002 年，在市馆主要流通服务窗口社科外借处实行了全开架方式。全开架借阅方式的实施，极大地方便了读者，满足了读者对书籍借阅的要求，也减轻了管理员的劳动量。有老读者颇有感慨地说：以往在图书馆目录卡片中查找半天，好不容易根据目录的提要找到一本合适的书，可是将索书号抄下来给管理员查找时，书不是没有，就是已经借出去了。现在，不仅可以自由地进入书库找书，还节约了我好多的时间，图书馆办了件大好事。此后为了进一步方便读者，全面实行开架服务，市馆打通了社科书库与自科书库的隔墙，自此市馆已全部实行了开架服务，图书的利用率也得到了大幅度的提高。

市馆搬迁到新馆后，为规范服务行为，更好地服务读者，开始试行挂牌服务，此后还曾几次实行该服务方式，以提高管理员的责任感和服务质量，利于读者监督。该方式实行之初，对加强干部职工的责任心起到了积极的作用，效果也好。不过遗憾的是，这项管理措施未能坚持下去。21 世纪 10 年代后仍施行过，但同样未能坚持到底。

（二）打破传统，期刊投入流通

“藏”与“用”的矛盾，始终贯穿在市馆业务工作之中。2000 年以

前，市馆当月（季）期刊在读者阅览下架后，处理方式多为进行简要级次的分编和加工，入检索室收藏，仅供读者查阅，不对外流通。1991 年 8 月，市馆期刊过刊交接制度正式建立，结束了一度在过刊管理上不顺的状态。2000 年，市馆“重藏”的观念进一步打破。经过 20 余年的改革开放，市馆人也逐渐认识到“藏”与“用”的矛盾，重点还是在“用”。由此放开了思想，解除了束缚。自此时起，市馆将文化体育娱乐、生活休闲等大部分期刊抽调出来，投入流通，小部分期刊依据 1998 年第二次评估时的《地级图书馆期刊检索目录》，从馆已订的在该目录中市馆已有的期刊中，选取政治、经济、文化等 30 余种，作为重点保存使用期刊（如《半月谈》《求是》等），其余全部投入流通，以增大馆藏流通量。

（三）“景宜书屋”

1995 年，市馆争取到香港汉荣书局董事长石景宜先生赠送的 3400 余册台湾版图书。根据石景宜先生的要求，市馆经过三个月的筹备，投资 3.5 万元，购置总长 260 余米的三组书架，建起面积近 70 平方米的港台书室。1996 年 9 月 10 日，藏有港台书籍 1900 余种、3800 余册的“景宜书屋”正式开放。该室除收藏石景宜先生所捐赠书籍外，还将馆内原有的港台书籍和 1995 年港商王正铎先生所捐书籍调集到该室，由馆外借部负责管理，集中对读者开放。港台书室的建立，填补了市馆无港台书的空白，为读者打开了阅读港台书刊的窗口。但此后由于部门的调整和房屋的改造，“景宜书屋”仅开放了几年后关闭。

第四节 《湖北省公共图书馆条例》颁行与湖北省公共图书馆条例宣传画的诞生

一、《湖北省公共图书馆条例》颁布宣传

2001 年，本省首部图书馆法规《湖北省公共图书馆条例》（以下简称《条例》）诞生，并于当年的 10 月 1 日颁布施行。在颁布之日前，市馆开展了形式多样的宣传：在馆大楼外悬挂大幅标语，辟专栏，与市广播电台

联办《条例》相关的节目等。同时，市馆将《条例》单行本，张贴式《条例》和加印的《条例》竞答题及市馆编印的“怎样利用图书馆有奖问答试题”共 800 余份，发放给全馆干部职工和广大读者，以及各区文体局、街办、文化馆（站）。2001 年 9 月 30 日，市馆在亚太广场前开展宣传，醒目的《条例》法制宣传横幅悬挂在广场上空，16 幅精美的大型彩色宣传挂图——《湖北省公共图书馆条例》展牌前吸引了大量过往行人驻足参观（见图 6-3）；咨询台前、主持台前挤满了参赛的人群，“怎样利用图书馆”现场有奖竞答，500 份答题和宣传资料一抢而空。当晚 7 时 50 分，市人大常委会副主任胡盛海在市电视台新闻频道，就《条例》的颁行发表了电视专题讲话，他的讲话对市馆宣传《条例》起到了更积极的推进作用。这次活动影响大，范围广，达到了预期的宣传效果，出色地完成了《条例》的宣传任务，受到了省市相关领导的好评。

图 6-3 2001 年 9 月 30 日，市馆在亚太广场展出的大型彩色宣传挂图——《湖北省公共图书馆条例》

二、湖北省公共图书馆条例宣传画的诞生

为配合《条例》的宣传，让社会上更多的人了解图书馆、利用图书馆，2001 年，省文化厅社文处副处长汤旭岩委托市馆樊小庆，将《条例》

设计创作成卡通式宣传画。接受任务后，为不负重托，樊小庆与严国俊凭着自己的美术绘画功底、凭着对图书馆专业的熟悉和对《条例》的学习了解，加班加点查阅相关资料、起笔创作。经过几个月的努力，拿出了几十幅设计成稿，并在当时本地掌握计算机应用于卡通制作的机构和人员极少的情况下，依托电脑设计室，最终创作出16幅大型彩色宣传挂图——《湖北省公共图书馆条例》。省文化厅将宣传挂图制作成软展牌，多次在武汉市洪山广场、武昌阅马场、鄂州市明堂市场以及书市、文化下乡等地的活动中展出。

第五节　省级课题《湖北长江经济带文献信息开发丛书——鄂州名优特产录》的编撰

一、编撰启动

1995年6月，省级课题《湖北长江经济带文献开发丛书》编纂培训班在省图书馆举办，全省各类各级图书馆大都派员参加了培训班的学习，市馆派樊小庆参加。培训班学习时间为6月28~30日，主要讲授课题的意义、目的、编纂方式等内容。由《湖北长江经济带文献信息开发丛书》主编、湖北省图书馆副馆长研究馆员阳海清主讲。

编纂文献性图书，对于市馆来说是一项从未做过的全新的工作。在省馆培训班结束后，市馆将该项工作视为近年的一项重要工程。7月，市馆启动该项工程。经报上级领导批准，由市经济委员会、市文化局等18家单位组成的《湖北长江经济带文献信息开发丛书·鄂州卷》（以下简称《鄂州卷》）编纂委员会成立。编纂委员会下设办公室，办公室工作主要由市图书馆承担。办公室积极与市经济委员会、市农业委员会，鄂城、华容、梁子湖三个区的领导联系，取得了他们的支持。编委会办公室负责人、市馆副馆长范炜等随后专程到市委，向市委书记吴华品作专题汇报。在分别得到上级各个部门的认可后，编纂工作进入资料征集阶段。

二、资料的征集

资料的收集，是课题起步最基础且最为广泛、最为艰难的工作。因为该课题涉及全市各个行业众多部门和单位，没有他们的支持，此事难以进行，如果仅由图书馆去做，显然困难重重。1995 年初，经过编委会办公室的筹划和组织，决定动员全市相关部门来共同完成这一课题的前期事项——资料的征集。7 月，编委会办公室在市馆召开了资料的征集工作会议。包括全市三个区在内，由各主要相关部门共近 20 人组成的资料征集人员初步拟订定。同年 10 月 17 日，《鄂州卷》主创人员、市馆馆长张伟、副馆长范炜、严国俊 4 人专程到省图书馆，向《湖北长江经济带文献信息开发丛书》主编阳海清汇报《鄂州卷》工作进展情况。11 月 10 日，《鄂州卷》编委会组织召开的特约记者会在市馆召开。会上，编委会就编纂工作要求与特约记者进行交流，并就资料征集工作的各自范围作了划分。16 名特约记者在会上接受了任务。但此后由于组稿的困难，上述特约记者均放弃了这项任务。原计划丛书的组稿工作依靠社会力量来完成之事，最后还是得靠本馆人员来完成。为此，市馆职工陈文格主要承担了该课题的组稿任务。

1996 年，《鄂州卷》资料征集工作正式开始。编委会办公室全部人员首先到市经委、市农委等部门，聘请其主要负责人担任《鄂州卷》的顾问。此后，编委会办公室人员又先后到鄂城、华容和梁子湖三个区开展工作，到市各大中型企业拜访，以获得他们的最大支持。

三、编撰出版

《鄂州卷》编委会办公室在组稿期间，走了些弯路。因对项目的主体并未把握准确，在《鄂州卷》的工作进行中，向省《湖北长江经济带文献信息开发丛书》编委会提出了一个《湖北当代企业家名录》或《湖北当代企业家辞典》的选题。但因为该选题仅凭一地之力很难完成而最终放弃。

经过两年的努力，《鄂州卷》组稿工作有了较大的进展，市直部分单位和大部分企业的资料已经征集到位。1997 年，《鄂州卷》的编纂工作正式启动。经过两年编纂和数次修改，1999 年，《鄂州卷》初稿完成。此后，由于经费等原因，加之该年市文化局对所属二级单位领导进行全面的调整，市馆领导班子也有较大的变化，书稿被搁置。2001 年，再次对书稿进行修改和完善，最终名为《湖北长江经济带文献开发丛书·鄂州名优特产录》的书稿定稿。

2002 年 1 月，《湖北长江经济带文献信息开发丛书·鄂州名优特产录》由华中理工大学出版社出版，该书由省委书记贾志杰作总序，市委书记熊同发作分序，全书共有水产、农林、机械纺织等 8 个篇章，计 22.4 万字，共计出版 500 册，分精装和平装两种。是年，该书获湖北省文化厅第四届公共图书馆事业发展奖励基金论著一等奖，省文化厅“五个一工程”著作一等奖。

第六节　地方文献搜集

一、地方文献搜集与《鄂州市馆藏地方、出版专集文献书目提要》

地方文献是一地政治、经济和文化等诸方面的历史积累，是各个行业在其发展史上的文化记录。自 20 世纪 70 年代末起，市馆就注重地方文献的搜集，1979 年成立了地方文献搜集小组，至市馆初建，就有《武昌县志（上、中、下）》《鄂城县简志》《鄂城钢铁厂志（1957~1985）》《鄂州政协志（1950.12~1989.4）》《鄂州市文化志》《鄂州市林业志》《鄂州市政府志》等近 20 种金融、科技、民政、粮食等行业志以及《孙权与武昌》《鄂州革命史料》等地方文献入藏。90 年代后，市馆又陆续搜集入藏了《鄂州奋进四十年（1949~1989）》、《鄂州市建制沿革志》《腾飞的鄂州（1983~1992）》《历代名人在鄂州》《鄂州人物（上、下）》《鄂州政协五十年（1949~1999）》《中共鄂州革命史（1921~1949）》《梁子湖概览》《鄂州史话》《鄂州之最》《鄂州市志》等。

1988 年 7 月，本市首部书刊呈缴本法规《市人民政府办公室转发市文化局关于搜集保存地方文献的报告的通知》（鄂州政办发〔1988〕59 号）

下发。2000年，市政府办公室再次颁发了《关于做好地方文献呈缴本的通知》（鄂州政办〔2000〕12号）。文中明确规定了呈缴本范围、呈缴办法、呈缴管理等内容，以保证鄂州市地方文献尽量完整地收集入藏市图书馆。通知颁发后，市新闻出版局、市文联等不少单位给予了大力支持。凡有出版物的单位，基本上都将其捐赠给图书馆。市馆对地方文献搜集工作力度进一步加大，将搜集地方文献的任务下达到馆检索室，要求必须搜集到经市新闻出版部门批准印行的书刊，尽量搜集到其他单位和部门出版或印行的可以公开的资料，并动员市馆各个部门积极主动地在社会上搜集可以搜集到的文献资料。2001年，市文化艺术界联合会下发了《关于做好我市文化文献征集工作的通知》（鄂州文联〔2001〕14号），市写作学会副会长、市人社局干部邱风在工作之余，积极帮助联系市文学界人士，动员他们为市馆捐赠图书，此期间个人向市图书馆捐赠图书的人数大大多于20世纪80年代及以前人数，其中，原市领导、市新四军研究会会长湛有恒更是多次向市馆捐赠该会成果和个人著作。

在2002年后的一项统计中，自市政府办公室文件颁发后的10余年间，市馆藏有地方文献由原有的不到200种增至770余种2000余册（件）。在770余种文献中，已占国家标准之中文图书五大部22大类中的12大类别，其中尤以文学艺术类为最，占全部馆藏地方文献的34.6%，地方史志类文献约占全部馆藏地方文献的18.9%；其后依次为政治（12%）、经济（11.4%）、教育（8%）、医学（7.4%）、语言（2.6%）等。而自然科学、工业、农业等类别的总量仅占全部馆藏地方文献的5.5%。该类书籍入藏数量少，也从另一个角度反映了本市在这一领域的人才和研究的不足。

如何让馆藏地方文献发挥更大的作用，使更多的读者了解并应用，市馆很早就有筹划。1998年，市馆就将编写地方文献工作纳入计划之中。经过半年时间的努力，由科技部检索室赵敏玲执笔，初编了一册约3万字的《鄂州市馆藏地方文献书目提要》（以下简称《提要》）手写稿本。2002年，市馆组织力量，由樊小庆、沈国桢和赵敏玲任主编，张云、刘海琴负责编务，继续完成《提要》的编写，并将其付印。由于已有一个比较完整的基本稿本，在经过月余的审校修改并补充完善后，一册收有馆藏地方文献340种、710册（件）共4万字的《提要》于当年的10月完成。

虽然这只是本小册子，也仅仅印行了15册，但却是市馆在多次编撰二次文献上一次大的尝试，也取得了一定的经验。《提要》的编撰也为后来编撰其他二次文献打下了一定的基础。更为重要的是，《提要》成为市馆后来编撰并正式出版的32万字《鄂州市著作人传》的蓝本。

二、大型辅导援外工作的开展

1997年，市馆辅导工作有了一个突破传统辅导工作的契机。鄂州市第一人民医院正在为创全省三级甲等医院而准备。该院始建于1946年，1951年就建有图书室，1997年藏书已达3万余册，但由于自身对图书管理的局限性，所藏书刊资料比较混乱，如果不能规范理顺，将影响到全院“创三甲”的总体评分。应该院领导的请求，1997年4月，由馆长张伟策划、制定实施方案，并率领樊小庆、汪德林、张云、吴兵文等业务骨干到市第一医院，对该院书刊资料进行重新分类、编目。4月16日至5月29日，市馆辅导工作小组从摸底调查分析馆藏入手，制定出该室图书杂志“重组”细则。经过紧张而有序的40多天工作，小组共类分新书1500册，重新分编加工整理旧书万余册，卡片目录1300余张，输入计算机识别数据5000余条，编制有近万条目的书本式医学专题书目一种。并对图书室工作制度、管理方法等其他业务进行规范，完善了管理制度。市第一医院图书室资料的图书资料“重组”成功，市馆帮助该院顺利地通过了省创建三级甲等医院评估组的评估（见图6-4）。在圆满完成上述工作任务后，市馆也获得市第一医院支付的酬金6000余元，首创馆辅导工作在经济上的收益。

三、出版读书征文专集——《心中永远的圣地》

市馆在多年的读者服务工作中，与读者结下了深厚的情谊，读者也将图书馆当作了他们的精神家园。多年来，市馆每年都能收到大量的读者读书心得、读书收获等文章。20世纪80年代，市馆曾集其精华，将其油印成册，广为宣传。20世纪末至21世纪初，市馆在读书活动方面开展得更加频繁，所收到的读书心得和读书效果等文章更加丰富、精彩，由此，市馆觉得有必要正式将其汇集出版，一是对多年读者工作成效的一个总结，

图 6-4　市中心医院图书室，医务人员正在查阅资料

二是对读者自身读书成果的一次展示。经过几个月的努力，2002 年 10 月，一册由市知识工程领导小组主持，市文化体育局局长夏建国、市馆馆长李向东主编的读书征文选编《心中永远的圣地》，由香港天马书局出版。该文集主要精选收录了许大刚的《一炮炸开致富源》、市公安局收审所的《读书活动是良药》等 57 篇文章，其中成人作者的文章 45 篇，少年作者的文章 12 篇，多为近些年来在市知识工程领导小组领导下，市馆组织的全市读书征文活动中的个人或集体作者的优秀文章。

1997 年 8~9 月，市妇幼保健院因创建省二级甲等医院，恳请市馆支援。市妇幼保健院图书室建立时间不长，其管理员又为新调入人员，还未掌握图书管理基本技能。为解决她们的难题，市馆派出汪德林等二人前往工作。两个月以来，对该室分编不规范的新旧书 800 册，杂志 500 余册重新分编加工，完成该室全部图书目录卡片近万张，并帮助编辑简易书目索引两种。在完成对市妇幼保健院创建省级二甲医院工作任务外，还为市馆创造了一定的经济效益。

第七节 中国家谱鄂州地区编纂工作

中国家谱历史悠久，是中华民族珍贵的历史文化遗产。家谱是以特殊形式，记载同宗共祖的血缘集团世系人物和事迹等方面情况的历史图籍，与方志、正史构成中华民族历史大厦的三大支柱，是我国珍贵文化遗产的一部分。2001 年 3 月 6 日，全国《中国家谱总目》编纂湖北地区工作会议在省图书馆召开，市馆樊小庆参加。《中国家谱总目》编纂和访求谱牒工作在湖北正式启动。省图书馆作为编委单位，负责湖北地区所藏（含公、私藏）家谱的编目及初审工作，各地由当地公共图书馆做好本地区所藏家谱条目的摸底、访求及编撰工作。2001 年 5 月 23 日，市文化局在市馆三楼会议室召开了鄂州市地方文献征集暨《中国家谱总目》收录编纂工作会议（见图 6-5）。市方志办、市档案馆、市博物馆等单位代表，以及叶贤恩、熊亚云、胡念征等学者专家、谱牒权威人士共 30 人参加。市政协副秘书长姜昭文到会指导并讲话。姜昭文要求：一是要齐心协力办好此事；二是通过政协，广为宣传。会议由文化局副局长江国超主持，市馆副馆长樊小庆传达省会议精神，并就家谱编纂工作做了说明。会上大家各抒己见，就收录编纂工作的组织安排、人员分工等提出了许多宝贵的意见和建议。会议决定，由市图书馆牵头，负责该项工作的进行。任务明确后，市馆组织人员先后到市方志办、市档案局、市党史办、市政协、鄂城钢铁厂等单位上门宣传、查访、搜集，完成了城区家谱的调查和征收工作。同年 8 月，市馆按要求标准编出《楚熊通志》《陈氏宗谱》《周氏宗谱》《浠川寿昌艾氏宗谱》《黄氏宗谱》《熊氏宗谱》等谱牒条目。上述公藏宗谱条目等按时报呈省图书馆，得到了省馆领导和专家的好评。

图6-5　2001年5月23日，全市地方文献征集暨《中国家谱总目》收录工作会议在市馆召开

第八节　参加“创先进文化乡（镇）”建设

一、文化“三下乡”活动

为深入贯彻党的十四届六中全会精神，促进农村文化建设，改善农村社会风气，密切党群、干群关系，大力推进农村精神文明建设，满足广大农民的精神文化生活需求，1996年12月，中共中央宣传部、国家科委、农业部、文化部等部委联合下发了《关于开展文化科技卫生“三下乡”活动的通知》，开展文化、科技、卫生“三下乡”活动，并从1997年开始正式实施（见图6-6）。通过“三下乡”活动，引导农民解放思想，更新观念，提高素质，增强致富能力。市馆自此时起，积极参加由鄂州市统一部署行动、每年元月举办的“三下乡”活动。为广大农民朋友服务，是市馆科技服务的工作重点，无论是曾经为之服务过的“星火计划”，还是为市

政府提出的“科技兴市”战略服务，市馆都积极参与。市馆领导张伟、张志明等先后带队到农村，参加“三下乡”活动。活动前，市馆都将根据“三下乡”所在地的情况，精心摘录编辑好所需的科技资讯。如在以稻田耕作为主的地方，就编印农田种植技术资料；如在湖区举行，则编辑水产养殖资料等，将这些资料送到参加活动的农民手中。同时，在“三下乡”现场，市馆还积极开展宣传图书馆（室）的功用，以及如何利用图书馆（室）的资料，以扩大图书馆在农村、在农民中的影响。

图 6-6　1995 年 2 月，市馆人员送书到华容镇文化站，帮助该镇建起本市第一座乡镇级图书馆

二、参加建设“万村图书库”工程

“万村书库”工程是全国性的文化事业工程。1996 年，省文化厅制定了《湖北省公共图书馆事业“九五”规划（纲要）》，其中提出，要按期完成文化部“万村书库”工程。1998 年 1 月，《中共湖北省委、湖北省人民政府关于进一步加强农村文化工作的意见》（鄂发〔1998〕3 号）下发。文件指出，要“积极发展农村图书事业。各地要千方百计实施“万村书库”工程、“六百二万工程”和“知识工程”，积极发展乡（镇）、村、组图书馆（室），认真组织好图书报刊的订阅和使用。力争到“九五”末，

全省 1/6 的乡（镇），1/10 的村、组建有图书馆（室），藏书分别达到 3000 册和 1000 册。

鄂州市在落实此项工程中，全市统一部署，市馆积极参与其中。馆长张伟带头响应市政府提出的为全市图书馆（室）捐赠图书的号召，个人向农村图书室捐赠价值 400 元的《中国农村文库》一套（100 册），为全市单位和个人向“万村书库”工程捐赠图书的第一人。“万村书库”工程建设在鄂州市的开展，有力地推进了本市农村文化工作的进行，农村图书室得到了的巩固。

三、参加“创文化先进乡（镇）”建设

1996 年，市馆以一名馆领导带队组成 3 人“创文化先进乡（镇）”工作组。工作组进驻华容区华容镇开展工作。起草并督促镇政府落实了镇影剧院移交镇文化站、镇图书馆机构和人员单列，文化站经费列入财政预算，申请“创文化先进乡（镇）”经费，“以文补文”周转金等一系列文件及政策，并对镇图书馆 1 万余册图书进行分编整理，制定了管理制度和书刊借阅规则，使之能正常开放接待读者。此期间，工作组还与镇图书馆一道，将新购书籍送往村（居）委会，帮助建立了 8 个村（居）委会文化图书室。1997 年，在全市创建文化先进乡镇活动中，市馆被评为“先进工作队”，副馆长范炜被评为先进个人。华容镇被评为“文化先进乡镇”。同年 5 月，市馆根据创建“文化先进乡（镇）”的需要，馆辅导部工作人员深入燕矶镇，帮助该镇、村恢复和新建图书室，对 10 多名管理人员进行业务辅导和培训，使基层图书室管理员初步掌握了基层图书室的管理知识和技能。1998 年，全市第二批“创建省、市文化先进乡镇”展开。馆长张伟带领馆长助理樊小庆、辅导部主任汪德林到梁子湖区沼山镇，开展“创建文化先进乡镇”活动，并向沼山镇捐赠书籍、书架，帮他们设计建设文化站，指导创建工作。2002 年 1 月，市馆参加在胡林镇举办的全市科技、文化、卫生“三下乡”活动（见图 6-7）。

1999 年 10 月 26 日，市文化局召开全市创先进文化乡镇工作会议。为创建先进文化、先进乡镇服务，市馆成立了以一名副馆长为组长的三个创建专班，负责华容镇等三个地方创建工作。为了提高乡镇街办领导的创建意识，特别是针对有的自认为底子好，条件不错，又是省级文明村的单位

图 6-7　2002 年 1 月，市馆参加在胡林镇举办的全市科技、文化、卫生“三下乡”活动

中冒出的“自满意识”，市馆采取了多种方式。比如 1999 年的 11 月 22 日，市馆文化创建小组樊小庆、汪德林与古楼街道办事处文体委赖委员，该办文化站站长贺锦春，到文化工作先进单位华容区华容镇文化站参观取经。同时主动帮助布局华容镇文化站的功能结构，指导并督促落实必要的购置经费等。市馆所负责的古楼街办获得了好评，位居中上游，创建小组的工作也获得街办领导称赞。

2001 年，市馆为全市创建“文化先进乡镇、先进街办”活动献计献策，馆长张志明等带领辅导和采编部人员先后到古楼街办、樊口街办、凤凰街办、西山街办进行开展创“文化之星”“校园之星”等活动。同年，市馆为全市“文化之星”“校园之星”创建活动献计献策，先后多次到古楼街办西山小学、樊口街办旭光小学、凤凰街办莲花小学、西山街办七里界中心学校、小桥小学、市直鄂州高中、鄂州市一中等学校，对各学校图书室管理人员进行辅导和培训，学校图书室在其后的评估达标中全部验收合格。

2002年，全市继续开展创建先进文化乡镇工作。市馆投入了更多的力量，由采编辅导部沈国祯、赵敏玲、江淑君等业务骨干组成的“创先”小组，努力协助做好乡镇文化站图书馆的建设工作。从3月起，他们先后多次到华容镇图书馆进行辅导，协助华客文化站打下了良好的文化基础。同年底，华容镇荣获“文化先进乡镇”称号。此后，“创先”小组等人员还先后到鄂城区燕矶镇文化站、凤凰街办杨湾社区、凤凰街办洋澜村、古楼街办图书室、古楼街办、镜园社区、市商检局图书室、泽林高中图书室等，为镇、村送去图书，指导并帮助分编图书近3000册，辅导培训管理员40余人，帮助恢复和新建镇、村、社区等图书室。在市馆的助力下，当年凤凰街办杨湾社区获“全国文化先进社区”称号，凤凰街办洋澜村被评为市级“创建文明之星村”，古楼街办镜园社区获市“文化先进社区”称号。

历史地看，在农村中普及文化，提高农民的文化等素质，及至建设先进乡镇文化，始终是政府在农村工作的主题之一。文化部门中，无论何时，只要市、县一级政府有举措，图书馆自是尽自己所能帮助建设乡镇文化站图书室。不过遗憾的是，数十年来，在一轮又一轮的建设高潮后，因后续乏力，不少费尽心力建设起来的乡镇文化站图书室，始终摆脱不了“建成—萎缩—再建—再萎缩”的轮回，图书室的牌子成为“空壳”。为什么会这样？是农村经济基础太差，还是村民本就缺乏“文化进补”意识？或者其他原因，等等。但农村文化建设要保持长久不衰乃至持续发展，主要还是取决于当地执政者的观念引领，取决于村民们对文化的需求。

第九节 文化产业

进入21世纪后，中国文化产业逐渐壮大。2000年，在中共十五届五中全会通过的《中共中央关于制定国民经济和社会发展第十个五年计划的建议》中，第一次在中央正式文件中使用了“文化产业”这一概念，此后，多年来“以文养文”“以文补文”“补文”的提法逐渐被“文化产业”一词所替代。也自此时起，市馆亦延续了20世纪90年代中期开始在干部职工中试行的“停薪留职”的“政策”。1997年，市馆采取优惠办法，鼓励馆里富裕人员、有经营才能的人员停薪留职或承包馆里的出租门面。一来让有经营才干的人员可以在市场中施展现自己的才华，二来这些人员的外出，也相应地减轻了馆里经费紧张的困境。时有几位年轻职工在办理了相关手续后，停薪留职，在经济舞台上一展身手。此后随着市场的变化和发展，2000 年后，市馆的文化产业全部为房屋的租赁，不再有本单位职工经营的经济实体，曾停薪留职的几位职工仍然独立在外发展。

一、全馆各部室的创收工作

20 世纪 90 年代中后期，在市场经济大潮的带动下，市馆除图书馆服务部等专门部门开展经营外，市馆各个部门每年均有一定数量的经济任务。只是这些经济任务的完成，未像本省有的地方图书馆将正业当作副业，将游艺、娱乐等副业当作正业那样大搞“补文”创收。市馆各部室完成经济任务的主要途径有：①借书证的办理。因为每个借书证均要向读者收取一定的“工本费”，因此图书馆将办理借书证任务分指标下到各个部室。②资料查询费。图书馆依据相关文件规定，对到馆查阅资料者可以收取一定的查询费。③其他方式。如前所述，如举办读书活动，收取资料（竞赛试卷）费用等。这种在完成业务工作的同时，还要完成经济指标任务的方式，使各个部门的职工均有一定的压力。2002 年后，市馆在理顺了“补文”工作后，这一方式才告结束。

二、书刊交流中心的设立

1999 年，全馆各个部室大规模地开展完成经济任务的热潮仍在继续，一个专门利用书刊开展经济活动的部室——书刊交流中心设立。设置书刊交流中心的原宗旨是希望在这里搭建一个图书馆与读者、各读者之间相互进行书刊交流的平台，但结果却不尽如人意。由此，馆里将文化娱乐、体育休闲、时尚青春等类型的过刊和部分热门书籍调到该部，投入流通。读者欲借阅，每天需支付一定的费用。2000 年 2 月底迁到馆北附楼后至同年 12 月，中心创收 6662. 30 元。后中心移至主楼一楼。2001 年中心全年创收 5821 余元。书刊交流中心向读者收取一定费用的做法，到 2002 年停止。此后书刊正常向读者借阅，不再收取费用，且中心始终较高的借阅率与馆里主要流通部门社科外借处的读者借阅率不相上下。书刊交流中心向读者收取一定费用的借阅方式停止后，市馆就再也未有借阅书刊向读者收取费用的做法。

三、房屋租赁成为主流

“以文养文”方针在文化部门实施后，市馆不得不实施这一大趋势下的工作要求。没有纯粹经济任务的馆各业务部室，每年都有一定数量的“有偿”经济任务，这一任务虽然不是通过经营来实现的，但却是以办理借书证、阅览证、对超过期限借书的罚款等来完成的，这给各个部门带来一定的工作压力，也使各个部门之间为完成经济任务而互相竞争，以致时常出现不大和谐的局面。

20 世纪 90 年代中期，市馆的经营工作达到高峰。该时期图书馆除自办有经济实体外，馆内所有空置房均以租赁的方式租给商户，如教学班、公司、拍卖行等所租用。最多时有租户 15 家。此后随着市场经济的变化，这些经济体逐渐减少，到 2002 年，仅有杰特英语教学、阳光舞蹈等几个租户承租。同时，在多年的租赁中，积存有租户拖欠租金不交情况。2002 年，市馆成立专班，馆长李向东直接抓该项工作，对积累的“补文”遗留问题进行了彻底有效的解决。此次专项清收欠款 3 万余元，理顺和完善了产业经营的管理办法和规章制度。时有杰特英语教学、雯鑫森大酒宫、阳光舞蹈、东艺美术培训中心和在市南浦路的租赁图书馆空置房所办酒楼。其管理工作由馆办公室负责后勤工作的副馆长负责。是年，产业创收逾 10 万元。

“以文养文”在全国文化界进行了 20 余年。虽然图书馆在经济上有所获得，在一定的程度上弥补了经费的不足，但因投入了大量的人力和物力，在一定程度上影响了图书馆业务的正常开展，有的甚至一度因为“赚”了钱而被财政减少正常的事业经费甚至停止划拨经费，如本省有一山区县图书馆就曾遭到这一“待遇”。该馆因为在一定的时期“以文养文”取得了较好的经济效益，被县里作为先进典型大加褒扬。但不幸的是，因为“补文”工作有方，县财政一度完全对其“断奶”——停止正常财政拨付，致使后来造成该馆因经营不善未有稳定的收入而完全不能正常开展业务工作的后果。该时期，市馆虽然也曾经陷入“补文”窘境，但好在有的项目收得及时，如服务部出租给他人经营，让专业的人做专业的事，停办难以掌控的学前班等，大大地减少了馆里因经营而带来的压力和负担，从而能集中精力搞好业务工作。此举在21世纪后，国家新出台的有关“免费开放”政策的实施，证明了市馆对于图书馆“补文”工作方针的适时转向是正确的。

21世纪10年代后开始实施的全国公共图书馆“免费开放”，具有跨时代的意义。一方面，它明确了公共图书馆服务投入的主体应该是政府，对于20世纪80年代后期开始广泛流行的所谓“以文补文”“有偿服务”，可以说是在政策上的“拨乱反正”；另一方面，明确了“文化产业”的定义，文化单位中以社会效益为主的“主业”不再去向经济要效益，而可以产生经济效益的如戏剧、影视等，才是文化产业的主体行业。

第十节　文化信息资源共享工程

2002年4月，文化部和财政部共同启动了文化信息资源共享工程。这项旨在繁荣社会主义先进文化的创新工程采用了现代化信息技术手段，将优秀文化资源进行数字化整合，利用覆盖全国的网络化管理和服务体系，从而达到实现文化信息资源在全国的共享。共享工程通过各种方式，建设基层服务点，实现县县建有中心、乡乡建有服务点，使广大群众能够便捷地享受丰富的文化信息资源。

共享工程的建设在省市各级领导的重视和指导下，于2002年12月在本市正式开始启动，标志着市馆的计算机管理初步取代了传统的手工操作，图书馆向自动化、信息化迈进。

2002年，全国文化信息资源共享工程鄂州基层中心建设启动实施。2003年3月对外开放，市馆建成湖北省文化信息资源共享工程鄂州支中心（电子阅览室）。该中心有服务器2台，终端40台，总投入43万元。是年，市馆在职工中开展计算机操作培训（见图6-8）在采编、流通部门全部实行了计算机管理，资源建设开始启动。

图 6-8　市馆人员正在接受计算机应用培训

第十一节　文明创建工作

市馆的文明创建工作始于 20 世纪 80 年代初期。1982 年，鄂城全县开展“文明礼貌月”活动。3 月 20 日，县文化馆在沙窝公社召开“文明礼貌月”宣传活动现场会议。全县 12 个文化活动开展得较好的公社文化站、文化站图书室的负责人，以及县图书馆、县文化馆辅导干部 20 余人，参观了沙窝公社文化站以图书室为阵地开展文明礼貌宣传所办的各种专栏。

1985 年，鄂州市开展了“文明礼貌月”活动，是本市成立后首次开展的全市性文明建设活动，市馆积极响应并参与其中。1989 年，本市参加本省八个省辖市的爱国卫生检查评比，名列第八。为改变落后面貌，市委、市政府决定在全市开展更为广泛的涉及各个单位和千家万户的文明城市建设活动。同年 10 月，市精神文明建设协调办公室颁发了《关于复查考核文明单位的意见》（鄂州精协办发〔1989〕4 号），其复查考核文明单位的标准，仍然是按省有关文件规定的党的作风端正，思想工作好等标准进行。

1990年初，根据市委、市政府以及市文明委关于搞好精神文明建设的指示精神，市文化局下发《关于成立文化系统文明城市建设领导小组的通知》（鄂州文办字〔1990〕3号），市馆副馆长程少舫为文化系统文明城市建设领导小组成员。同年5月22日，市委、市政府召开了万人动员大会，在全市打响了“治理脏乱差、建设卫生城”的群众性整体战役。1990年5月至1991年10月，历时18个月声势浩大规模空前的文明城市建设展开。

1990年5月，市馆成立了“创建文明单位领导小组”，由馆党支部书记陈国治任组长。6~8月，市文化局先后下发《关于印发〈文化系统文明城市工作责任制〉的通知》（鄂州文办字〔1990〕6号）等多项有关精神文明建设的文件，以指导局属各单位的精神文明建设。为搞好这一工作，市馆与全市人民一道，投入建设卫生城之中。创建领导小组与市文化局签订了文明城市建设工作责任制，制定了创建文明单位目标、步骤、措施及卫生管理制度。这年，市馆先后投入资金2.8万余元，粉刷墙面，铺修水泥路面；新建大小花坛4个，种植草坪500平方米，植树2.5万余棵，绿化面积达5000平方米。在市文明委宣教口工作队、图书馆所属的辖区工作队和文化局分工分片的检查中，市馆创建工作均获得上级领导的好评。

1990年9月，省文化厅下发《湖北省文化厅关于创建文明城市开展文化建设竞赛活动的通知》（鄂文文字〔1990〕305号）。根据通知精神，市馆在馆舍面积、藏书建设、科学管理等方面积极开展工作，改进服务，努力达到竞赛要求。

该时期市馆围绕全市创建文明单位的“八条标准”，认真扎实地开展了争创文明单位的活动，确立了“三抓、三创、一开展”的目标，即抓职业道德建设，创优质服务。抓社会公德建设，创优良秩序。抓馆容馆貌建设，创优美环境；开展移风易俗，树立文明新风。采取每周四进行一次学习，每周六进行一次大扫除，每10天进行一次检查，每月进行一次小结整改的“四个一”步骤。在全国第二次中小城市卫生大检查中，市馆以良好的卫生质量通过了文化局系统的多次检查，仅5天就完成了一到四楼门面的改修任务。1992年，市馆被市文明委凤凰工作队评为“文明城市建设先进单位”，并在凤凰辖区的190多个单位中，被推荐进入9个市级双文明单位的行列，被评定为市级“双文明单位”。

1991年，在全市建设全国卫生城市大检查和“文明单位达标”活动中，市馆积极参与，做好各项工作。是年 10 月，市档案局、市文明城市建设委员会办公室联合下发《关于做好文明城市建设文件材料立卷归档工作的通知》（鄂州档发〔1991〕23 号）。市馆发挥档案保存较完整的传统，积极按照文件要求，收齐馆内外有关资料，进一步规范整理。1996 年 4 月 20 日，创省级文明城市市文化局迎接检查现场会在市馆召开。会上，市文化局副局长骆水平要求参会单位在资料、档案等建设上，以图书馆为标准准备。同年，市文明创建工作领导小组来馆检查（见图 6-9）。

图 6-9　市文化局副局长骆水平（右）陪同市文明城市建设检查组到市馆检查指导工作

在 1995 年全市“创建省级文明城”的“创三城，迎三检”工作中，市馆成立创建专班，由馆长张伟负责。创建专班根据《鄂州市文化局对责任单位创建省级文明城市活动目标考核责任书》中公共图书馆事业要求，制定了创建方案，做好迎检工作，各个部室分工负责，并职责到人。在近两个月的创建工作中，共清除馆区 3000 余平方米的杂草垃圾，对 2000 余米的书架进行彻底的除尘保洁，门窗玻璃以及标识牌等全部换新。并将外墙原用泡沫塑料制作的“图书馆”三个大字更换为铜制的“舒同体”。由于创建工作做得扎实，同年 5 月，市文化局迎检工作准备现场会议在市馆召开。在全市的检查中，市馆顺利地通过了省检查团的考核检查。

1999 年，市馆通过辖区基层组织的市级文明单位检查验收，连续三届被辖区推荐参加市级文明单位评选，顺利通过了市文明委组织的市级文明服务窗口行业示范单位的检查验收。2001 年，在全市开展的“前庭后院”绿化中，市馆将庭院变成花园，修葺树木和补栽树苗近 300 棵，市馆几次受到市“双创”办的通报表彰，门前包卫生、包秩序、包绿化的“三包员”田化堤在“双创”中被评为市级先进个人。

2000 年 5 月 16 日，全市“优化环境，从我做起”活动、市文化局选拔赛在局机关举行，市馆派团员王敬俐参加比赛并获得好评。

2002 年，市馆再次投入资金 20 万元，对馆主楼正立面、门前广场及大厅、会议室、主机房进行维修改造，在市馆前人行道上铺设彩色地砖，完善庭院的绿化美化建设，在市文明委的指导下，首次推出文明服务承诺，在大厅和各个服务窗口悬挂张贴文明服务敬语、文明服务规范。改造后的图书馆外观与原来相比，风格大有变化，整个馆容馆貌为之一新（见图 6-10）。

图 6-10　2002 年新装修后市馆正面

附　录

附表1　鄂州市区、乡、镇文化馆（站）图书室一览表（1986年前）

单位	图书室面积（平方米）	书报刊		工作人员（人）	设施	座位（个）
		图书（册）	报刊（种）	专/兼职人数	办公桌/书柜	—
华容镇	50	200	—	0/3	—	—
葛店镇	20	4000	98	1/0	—	—
段店镇	15	100	30	—	—	—
大湾乡	—	400	—	—		—
庙岭乡	20	200	—	0/1	—	—
胡林乡	60	80	—	0/1	—	—
临江乡	30	400	—	0/1	2/0	11
蒲团乡	50	200	—	0/1	1/0	10
杜山乡	40	180	—	0/1	1/0	15
石山乡	20	250	—	0/1	1/0	—
新庙乡	15	300	—	0/1	1/0	9
樊口街	18	300	—	0/1	1/0	18
沙窝乡	—	5000	—	1/0	1/0	20
燕矶镇	20	1500	—	—	1/1	10
杨叶乡	—	500	—	0/1	2/1	—
花湖乡	20	100	—	0/1	1/3	10
汀祖镇	—	500	—	0/1	3/2	10
碧石镇	30	200	—	—	2/1	—

续表

单位	图书室面积（平方米）	书报刊		工作人员（人）	设施	座位（个）
		图书（册）	报刊（种）	专/兼职人数	办公桌/书柜	—
泽林镇	60	3000	—	—	2/1	—
沼山乡	—	150	—	—	—	—
太和镇	140	150	—	—	—	—
公友乡	—	200	—	—	1/1	—
涂镇乡	20	400	—	—	—	—
东沟镇	30	350	—	0/1	1/0	—
葛店乡	80	1000	—	0/1	1/0	—

资料来源：《鄂州文化志（中）》，根据 1986 年 3 月市群众艺术馆情况统计。

附表 2　鄂州市主要图书馆（室）藏书统计表（1987 年）

馆（室）名	藏书（册/件）	备注
鄂城三江师范图书馆	51432	包括报刊
鄂城钢铁厂工会图书馆	33000	包括报刊
市第一中学图书室	20998	包括报刊
鄂城通用机械厂图书馆	14000	包括报刊
市职业大学图书馆	13000	包括报刊
程潮铁矿图书室	12000	包括学校、医院、各车间和生活区图书室藏书
市二中图书室	11000	包括报刊
市总工会图书馆	10060	包括报刊
省水泥厂图书室	10000	不包括报刊
市委党校图书室	9400	包括报刊
市供销中专图书室	8000	包括报刊
市异型轧钢厂图书室	6000	包括报刊
鄂城重型机器厂图书室	4896	包括报刊
市化工厂图书室	3000	包括报刊

续表

馆（室）名	藏书（册/件）	备注
市技工学校图书室	2650	包括报刊
鄂城油厂图书室	2000	包括报刊
市肉联厂图书室	1260	包括报刊
市粮食局图书室	1000	包括报刊
市邮电局图书室	800	不包括报刊
市水产局图书室	700	不包括报刊

资料来源:《鄂州文化志（中）》。

附表 3　1988~2002 年鄂州市图书馆获其他单位成果一览

入选、发表时间	著者	专著（论文）名称	获奖情况	发表（入选）
1988 年	张三育	鄂州文化志·图书馆	—	《鄂州文化志》
1989 年	田雪梅	四种类型的读者、多种服务方式	—	《湖北文化》发表
1989 年	严莉	鄂州市建立图书馆网络化之我见	—	《湖北文化》发表
1991 年	江新梅	家庭环境与优良品质形成的关系	—	入选市首届家教研讨会
1991 年	周春芬	残疾儿童人格塑造	—	入选市首届家教研讨会
1992 年	张伟	思想政治工作的短期行为及其对策	—	新华出版社结集出版
1993 年	樊小庆	科普连环画《探险船绝处逢生》	—	《湖北少年科学报》发表，入选省第四届科普美术作品展
1994 年	江新梅	也谈图书馆在科技兴农中的服务方式	—	《管理艺术文集》收录
1996 年	邵义芳	辅导作品《我心中的祖国》(水粉画)	金奖	作品参加省妇联“小星星书画比赛”
1998 年	江新梅	浅谈藏书清点工作	—	《湖北文化》发表

续表

入选、发表时间	著者	专著（论文）名称	获奖情况	发表（入选）
1998 年	樊小庆	美术作品《少儿围棋教室》	二等奖	1997 年《围棋报》发表
1999 年	范炜、严国俊、樊小庆	设立湖北省鄂东市是历史的必然	—	《中国经济论坛》专著收录
1999 年	王振华、樊小庆	专著《围棋一点通》	—	湖北少儿出版社出版
1999 年	樊小庆	美术作品《围棋名人漫画像》	—	《围棋天地》杂志发表
2000 年	江新梅	现代农业经济与图书馆服务	—	《中国社会主义精神文明建设宝典》《中国新世纪市场经济纵览》收录
2001 年 4 月	樊小庆	国画《图书馆学家——吴慰慈》	三等奖	省文化厅举办全省公共图书馆系统迎接新世纪书画比赛
2001 年 5 月	樊小庆、严国俊	大型彩色宣传挂图——《湖北省公共图书馆条例》	—	省文化厅印行
2001 年	江新梅、邱风	以“三个代表”为指导，繁荣发展先进文化	优秀奖	省知识工程领导小组举办征文
2001 年	范炜	西部开发：旅游业大有作为	—	《中国当代思想宝库》收录
2002 年	范炜	把社会主义市场经济理论应用于图书馆的实践	三项一等奖	入选中国管理科学研究院，中国改革发展丛书编委会，中国西部改革发展研究院人文成果研讨会
2002 年	范炜、严国俊	少儿图书馆：未来知识经济大厦的支柱	三等奖	入选中国管理科学研究院人文成果研讨会

资料来源：市馆刘菊花、张景瑞绘制。

附表 4　历任馆长、书记及工会主席名录（1956~2002 年）

姓名	性别	出生年月	任职时间
胡少华	女	不详	1956 年 7 月至 1958 年 1 月鄂城县馆图书阅览室时期任副馆长，主持工作 1958 年 6 月任副馆长 1958 年 7 月调离
张三育	女	1927 年 6 月	1958 年 1 月至 1960 年 12 月任鄂城县馆图书馆馆长 1979 年 3 月至 1984 年 4 月任市馆副馆长，主持工作 1984 年 7 月任副馆长 1986 年 8 月任调研员 1990 年离休
陈国治	男	1938 年	1984 年 8 月任副书记，主持工作 1986 年 8 月任书记 1995 年 7 月病故
程少舫	男	1944 年	1987 年 7 月任副馆长 1991 年调出
张伟	男	1945 年	1991 年 1 月任副馆长 1997 年 12 月任馆长 1999 年 9 月离任
范炜	男	1945 年	1992 年 7 月任副馆长 1999 年 9 月离任
王兰芬	女	1950 年	1992 年 8 月任副馆长 1999 年 9 月离任
严国俊	男	1959 年	1993 年 1 月任副馆长
陈家宽	男	1953 年	1997 年 12 月任书记 1998 年 7 月病故
张志明	男	1962 年	1999 年 9 月任副馆长 2000 年 1 月任书记、馆长 2002 年 1 月调出
樊小庆	男	1955 年 10 月	1996 年任馆长助理 1999 年 9 月任副馆长

续表

姓名	性别	出生年月	任职时间
王冈宁	男	1960年2月	2000年1月任工会主席
李相东	男	1957年7月	2002年2月任副书记、副馆长，主持工作 2002年8月任书记、馆长

附表5　市馆内设机构及沿革变化简图

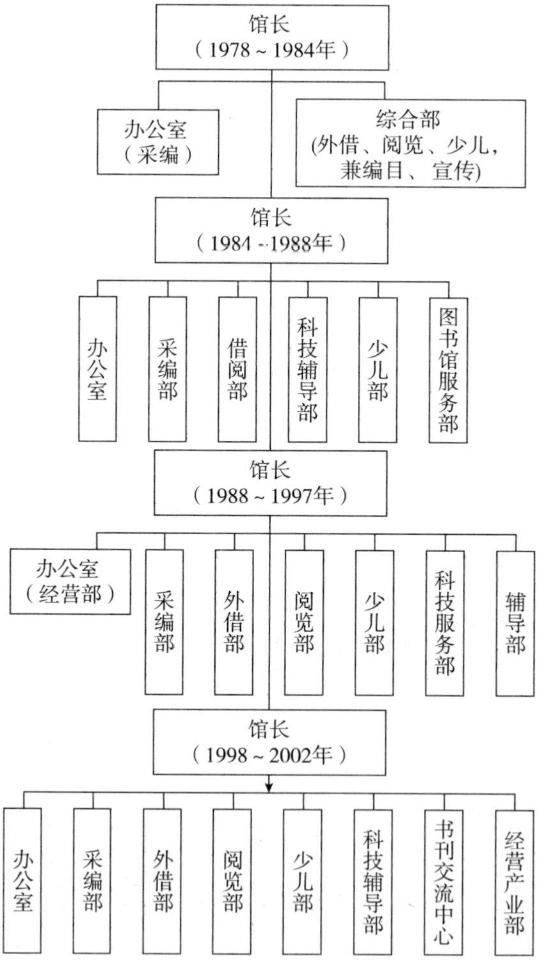

附表 6　职工名录（1977 年至 2002 年 12 月）

姓名	性别	职务（现任/曾任）职称	到馆时间
江新梅	女	主任　副研究馆员	1977 年 6 月
张莉	女	助理馆员	1980 年 4 月
田雪梅	女	主任　馆员	1980 年 7 月
沈国祯	男	产业经营部主任　馆员	1980 年 12 月
张景瑞	男	馆员	1981 年 9 月
江淑君	女	馆员	1983 年 10 月
梁金秀	女	馆员	1984 年 3 月
陈显清	女	主任　高级会计师	1984 年 9 月
周幼坤	男	电子阅览部主任　馆员	1985 年 11 月
周春芬	女	少儿部主任　馆员	1985 年 11 月
周卫兵	男	助理馆员	1985 年 11 月
杨全忠	男	助理馆员	1985 年 11 月
周双玉	女	馆员	1985 年 11 月
周志超	男	助理馆员	1985 年 11 月
刘萍	女	助理馆员	1987 年 4 月
赵如友	女	主任　会计师	1987 年 6 月
李红	女	馆员	1987 年 8 月
夏玲华	女	阅览部主任　副研究馆员	1989 年 7 月
廖东情	女	馆员	1989 年 12 月
江涛	男	馆员	1990 年 7 月
洪勇	男	主任　助理馆员	1990 年 11 月
陈奕	女	助理馆员	1991 年 12 月
陈俊	男	馆员	1992 年 4 月
张云	女	馆员	1992 年 9 月
谢享枝	女	管理员	1993 年 5 月
赵敏玲	女	采编辅导部主任　馆员	1993 年 8 月
秦腊英	女	外借部主任　馆员	1994 年 10 月
范玉霞	女	管理员	1995 年 10 月

续表

姓名	性别	职务（现任/曾任）职称	到馆时间
刘菊花	女	办公室主任　馆员	1996 年 5 月
吴兵文	男	馆员	1996 年 8 月
刘海琴	女	助理馆员	1996 年 8 月
许超英	女	助理馆员	1997 年 3 月
周淑芳	女	高级会计师	1999 年 1 月
王敬俐	女	管理员	1999 年 6 月
王冈宁	男	助理馆员	2000 年 1 月
邵义芳	女	助理馆员	2000 年 1 月
林春芳	女	—	2000 年 3 月
李康	女	—	2001 年 8 月
陆江胜	女	—	2002 年 2 月

注：曹晓林、陈跃鸣、严莉、郭丽、江小兰、骆磊明、尹章池、汪德林、陈文格、肖吟霞、肖德威、尹秀云以及程立新、刘礼跃、罗斌、王雁兵等先后调离。

附表 7　鄂州市图书馆年度经费一览表（1983~2002 年）

年份	财政补助经费（元）	上级补助收入（元）	事业收入（元）	其他收入（元）
1983	9000. 00	—	—	—
1984	24000. 00	—	—	—
1985	33271. 60	—	—	—
1986	143000. 00	—	—	—
1987	177600. 00	—	—	—
1988	152036. 00	—	—	—
1989	112303. 00	—	—	—
1990	110297. 50	—	—	—
1991	27954. 00	—	—	—
1992	128906. 00	—	—	—
1993	127965. 00	—	—	112000. 00

续表

年份	财政补助经费（元）	上级补助收入（元）	事业收入（元）	其他收入（元）
1994	224200.00；其中专项图书购置 100000.00	—	—	143000.00
1995	234200.00；其中专项图书购置 100000.00	—	—	—
1996	282000.00；其中专项图书购置 100000.00	—	—	—
1997	258300.00；其中专项图书购置 100000.00	—	—	—
1998	408990.00；其中专项图书购置 150000.00	150000.00	—	—
1999	404518.00；其中专项图书购置 150000.00	—	—	—
2000	464600.00；其中专项图书购置 150000.00	39600.00	29593.30	200000.00
2001	497880.00；其中专项图书购置 150000.00	—	35928.00	17244.94
2002	834380.00；其中专项图书购置 150000.00	—	73500.00	34363.00

资料来源：市馆刘菊花、张景瑞绘制。

附表 8　鄂州市图书馆文献入藏一览表（1983~2002 年）

年份	年购书经费（万元）	年新增藏量				
		图书（册）	报纸	杂志	电子文献	地方文献
1983	0.9	2274	25 种 300 册	115 种 460 册	—	80 余种 100 余/册（总量）
1984	0.9	3524	31 种 372 册	115 种 460 册	—	不详
1985	0.9	4100	45 种 540 册	120 种 480 册	—	不详
1986	1.1	3100	68 种 816 册	123 种 492 册	—	不详
1987	5	4765	73 种 876 册	225 种 900 册	—	不详
1988	5	17781	102 种 1224 册	218 种 872 册	—	不详
1989	5	7753	108 种 1296 册	252 种 1008 册	—	不详
1990	5	8862	152 种 1824 册	468 种 1872 册	—	不详
1991	5	6768	137 种 1644 册	416 种 1664 册	—	不详
1992	5	2766	142 种 1704 册	418 种 1672 册	—	不详
1993	5	3243	152 种 912 册	418 种 1672 册	—	不详

续表

年份	年购书经费（万元）	年新增藏量				
		图书（册）	报纸	杂志	电子文献	地方文献
1994	10	—	152种912册	420种1680册	—	不详
1995	10	3086	152种912册	420种1680册	—	不详
1996	10	1867	138种828册	388种1552册	—	不详
1997	10	3971	138种828册	392种1568册	—	不详
1998	15	3011	138种828册	245种980册	100种 —	不详
1999	15	1622	116种696册	245种980册	数十种 —	不详
2000	15	2698	116种696册	248种992册	数十种 —	不详
2001	15	2060	121种726册	279种1116册	数十种 —	102种514册
2002	15	—	112种677册	342种1370册	— —	34种86册

附表9　鄂州市图书馆读者人次、书刊流通册次一览表（1983~2002年）

单位：万人次，册次

年份	年接待读者	年书刊流通	备注
1983	5.2	8.4	大西门广场老馆
1984	3.6	5.2	大西门广场老馆
1985	4.4	11.2	大西门广场老馆
1986	6.9	18.2	大西门广场老馆
1987	6.5	13.4	大西门广场老馆
1988	6.1	35.7	古城路新馆
1989	6.8	15.5	古城路新馆
1990	10.8	12.9	古城路新馆

续表

年份	年接待读者	年书刊流通	备注
1991	8	11. 3	古城路新馆
1992	7. 3	41. 8	古城路新馆
1993	6. 3	5. 1	古城路新馆
1994	11. 8	23. 1	古城路新馆
1995	24	28. 3	古城路新馆
1996	10. 3	16. 6	古城路新馆
1997	6. 8	15	古城路新馆
1998	13. 17	24. 1	古城路新馆
1999	11. 8	22. 6	古城路新馆
2000	12. 6	13	古城路新馆
2001	12. 2	12	古城路新馆
2002	13. 5	21	古城路新馆

资料来源：市馆刘菊花、张景瑞绘制。

附表 10　1985~2002 年鄂州市图书馆学术成果一览表

发表或入选时间	作者	著作（论文）名称	获奖情况	发表（入选）
1985 年	樊小庆	对长篇小说的加工处理小论	—	《图书馆员》发表
1985 年	樊小庆	图书个别登记可以省去	—	《图书馆员》发表
1986 年	汪德林	从图书馆现状看当前的理论研究	—	《图书馆情报论坛》发表
1986 年	樊小庆	分析读者、了解读者是提高服务的前提	—	入选省图学术研讨会，《图书馆员》杂志编辑部论文研讨会
1987 年	樊小庆	浅析社会藏书对鄂城县图书馆藏书的影响	—	入选省图藏书建设研讨会
1987 年	程少舫	浅谈中小型公共图书馆藏书建设	—	入选省图藏书建设研讨会

续表

发表或入选时间	作者	著作（论文）名称	获奖情况	发表（入选）
1987年	罗斌	浅谈中小型公共图书馆藏书建设	—	入选省图藏书建设研讨会
1987年	夏玲华	藏书的清点及剔旧藏书的保护	—	入选省图藏书建设研讨会
1989年	张三育	我在鄂城县图书馆工作三十年	—	《图书情报论坛》发表
1989年	田雪梅	社会主义初级阶段图书馆外借服务工作	市优秀成果二等奖	入选省图书事业发展战略研讨会
1990年	樊小庆	浅议图书馆外借工作中的两个小矛盾	—	《图书馆建设》发表
1990年	樊小庆	对城乡图书室发展趋向的思考	—	《图书情报论坛》发表
1990年	樊小庆	中小型馆藏书建设标准探析	—	入选省图第五届学术研讨会
1990年	汪德林	市场经济中的小型图书馆藏书建设	—	《图书馆建设》发表
1990年	汪德林	论文献著录中提要项的著录意义及其必要性	—	入选省图第五届学术研讨会
1990年	张三育	我与图书馆同命运——三十年回顾与思考	文化部优秀奖	新中国公共图书馆40年征文
1990年	田雪梅	图书馆第一线工作人员仪容举止语言规范刍议	市优秀成果三等奖	入选省图第五届学术研讨会
1991年	樊小庆	值得注意的收藏	—	《新闻出版报》发表
1991年	张三育	鄂州市乡镇图书馆现状与发展措施	大会交流	入选湖北省乡镇图书馆（室）经验交流大会
1991年	田雪梅	适应企业发展需要探索乡镇办馆新路子	—	湖北省乡镇图书馆（室）经验交流大会交流
1992年	田雪梅	读者工作与公共关系	—	入选省图书馆第六届学术研讨会

续表

发表或入选时间	作者	著作（论文）名称	获奖情况	发表（入选）
1993 年	范炜	怎样当好图书馆馆长	省级优秀奖	《图书馆员》发表
1993 年	江新梅	图书馆在科技兴农中的有效服务方式	—	《图书馆建设》发表
1993 年	范炜	把社会主义市场经济的理论应用于图书馆的实践	—	入选省图书馆第七届学术研讨会
1993 年	田雪梅	面向市场经济开拓服务领域	市优秀成果三等奖	入选省图第七届学术研讨会
1993 年	陈显清	加强图书馆财务管理的几点思考	—	入选省图第七届学术研讨会
1994 年	梁金秀	少儿图书馆的读者教育与服务	—	入选省图第四届少儿图书馆事业建设研讨会
1994 年	范炜	绿树和我	省文化厅、省总工会、省教委二等奖	《图书馆论坛》《图书馆建设》发表
1994 年	范炜	把社会主义市场经济理论应用于图书馆的实践	—	《全国报刊索引》收录
1994 年	张伟	古代私人藏书楼与现代民间藏书	—	入选中国学会、省第八届学术研讨会
1994 年	王兰芬	图书馆亟待解决软硬论的反差	—	入选中国学会、省第八届学术研讨会
1994 年	樊小庆	借助经济腾飞　勇敢迎接挑战	—	入选中国学会、省第八届学术研讨会
1994 年	江新梅	浅谈图书科技情报服务	—	入选中国学会、省第八届学术研讨会
1994 年	梁金秀	试论图书馆少年儿童读者工作	—	入选中国学会、省第八届学术研讨会

续表

发表或入选时间	作者	著作（论文）名称	获奖情况	发表（入选）
1995 年	樊小庆	特色图书馆布局	优秀奖	文化部图书馆司文化厅组织的专题研究征文
1995 年	田雪梅	特殊图书室的效应：一个探索和研究的新课题	优秀奖	入选国际图联第 62 届大会
1995 年	江新梅	现代农业经济与图书馆服务	参与奖	入选省图第九届学术研讨会
1995 年	张伟	图书馆事业呼唤立法	—	入选省图第九届学术研讨会
1995 年	范炜	竞争图书馆发展的原动力	—	《图书情报论坛》发表
1995 年	陈显清	对加强文献资源开发与利用的再思考	—	入选省图第九届学术研讨会
1995 年	王兰芬	加强图书馆的管理服务于经济建设中心	—	入选省图第九届学术研讨会
1995 年	严国俊	文献信息资源的新发现及其开发	研讨会奖	《图书馆建设》发表，入选省图第九届学术研讨会
1995 年	樊小庆	办馆效益受损的表现及其开发	参与奖	入选省图第九届学术研讨会
1995 年	赵如友	浅谈图书馆如何有效地为市场经济服务	—	入选省图第九届学术研讨会
1995 年	陈文格	快速效应与报刊厅变革	—	入选省图第九届学术研讨会
1995 年	张景瑞	21 世纪初的我国少年儿童图书馆	—	入选省图第五届少儿业务建设研讨会
1995 年	李红	三心：少儿图书馆员必的三要素	—	入选省图第五届少儿业务建设研讨会
1995 年	江淑君	试论儿童智力开发与少儿图书馆	—	入选省图第五届少儿业务建设研讨会
1995 年	夏玲华	让孩子在知识的海洋中遨游	—	入选省图第五届少儿业务研讨会
1995 年	江新梅	图书馆与科技情报服务	—	入选省图第八届学术研讨会

续表

发表或入选时间	作者	著作（论文）名称	获奖情况	发表（入选）
1996 年	沈国祯	图书馆必须保护合法者的权益	—	《图书馆学刊》发表，入选省图第九届学术研讨会
1996 年	樊小庆、汪德林	特色图书馆的产生与发展——兼谈湖北省特色图书馆布局	全国“特色图书馆理论与实践”征文获优秀奖	入选省图第九届学术研讨会
1996 年	范炜	论文献信息流——管理机构的设置	—	入选省图第九届学术研讨会
1996 年	田雪梅	市建立特色图书馆之设想	—	入选《中国特色图书馆理论与实践征文专集》
1996 年	严国俊	文献信息资源“海上油田”及其开发	优秀奖	《图书情报论坛》发表
1997 年	江新梅（江欣）	现代农业经济与图书馆服务	—	《图书馆建设》发表
1998 年	市馆	鄂州市馆藏地方文献书目提要	—	内部印行
1999 年	范炜、严国俊	少儿图书馆：未来知识经济大厦的支柱	—	入选中图学术年会暨中国图书馆学会成立 20 周年大会、《知识经济丛书》
1999 年	樊小庆	凸显个性能力，提高整体素质	—	入选中图学术年会暨中国图书馆成立 20 周年大会
1999 年	江新梅	农业知识经济与图书馆服务	二等奖	入选山西纪念中图学会成立 20 周年学术研讨会
1999 年	樊小庆	应注重对中间层读者的培养	—	《图书情报论坛》发表
1999 年	陈文格	图书馆与乡镇企业的名牌效应	一等奖	入选省图第十届学术研讨
1999 年	严国俊	公共图书馆创收工作必须有所突破	二等奖	入选省图第十届学术研讨

续表

发表或入选时间	作者	著作（论文）名称	获奖情况	发表（入选）
1999 年	周春芬	图书馆开展爱国主义教育活动应注意的几个问题	大会交流	入选省图第十届学术研讨会
1999 年	范炜	迎接挑战，市场经济中的公共图书馆	—	入选省图第十届学术研讨会
1999 年	江新梅	现代乡镇企业与图书馆服务	—	入选省图第十届学术研讨会
1999 年	樊小庆	个性能力——社会必然的选择	—	入选省图第十届学术研讨会
1999 年	田雪梅、李红	大气候小优势，加快发展——鄂州市城区基层图书馆（室）调查分析	—	入选省图第十届学术研讨会
1999 年	夏玲华	强化自身建设，服务精神文明	—	入选省图第十届学术研讨会
1999 年	秦腊英	坚持四个优先，实现三个转变	—	入选省图第十届学术研讨会
2000 年	樊小庆	重组 TS，提高利用率	—	《图书情报论坛》发表
2000 年	江新梅	浅谈少年儿童图书馆组织读书活动必须注意的问题	—	入选省图第 11 届学术研讨会
2000 年	张云	少儿图书馆应积极鼓励小读者参与本馆自动化	—	入选省图第 11 届业务建设联席会
2000 年	江新梅	浅谈少年儿童图书馆组织读书所必须注意的问题	—	入选第八届少儿图书馆（室）业务建设联席会
2000 年	樊小庆	读书活动——提高少儿综合素质的最佳选择	三等奖	入选中西南全国少儿图书馆工作交流暨理论研讨会
2000 年	夏玲华	中小学生阅读兴趣的培养	优秀奖	入选中西南全国少儿图书馆工作交流暨理论研讨会
2001 年	夏玲华	数字化——图书馆的困境与对策	—	入选省图学会并交流
2001 年	严国俊	少儿图书馆与素质教育中的少年儿童发展研究——少儿图书馆创办少儿沙龙的探讨	—	入选第九届少儿图书馆（室）业务建设联席会

续表

发表或入选时间	作者	著作（论文）名称	获奖情况	发表（入选）
2001 年	严国俊	少儿图书馆创办少儿沙龙的探讨	二等奖	入选中国西南少儿图书馆学术研讨会
2001 年	夏玲华	略论少年儿童图书馆的社会责任	省级发表	入选第九届少儿图书馆（室）业务建设联席会
2001 年	夏玲华、江新梅、秦腊英	新世纪——图书馆管理与改革	大会交流	入选中图学术年会、省图学术年会
2001 年	严国俊	农业知识经济与图书馆特色服务	大会交流	省图学术年会
2001 年	赵敏玲	浅谈图书馆网络化时代的信息资源共享	大会交流	入选省图学术年会
2001 年	周春芬	鄂州城区中小学图书馆（室）的现状与发展	—	入选第九届少儿图书馆（室）业务建设联席会
2001 年	樊小庆、周幼坤	导读：少儿馆亟待加强的一项工作	—	入选第九届少儿图书馆（室）业务建设联席会
2002 年	市馆	专著《湖北长江经济带文献信息开发丛书——鄂州名优特产录》	省文化厅第四届公共图书馆事业发展奖励基金论著一等奖，“五个一”工程奖	华中理工大学出版社出版
2002 年	市馆	《心中永远的圣地》读者读书成果专集	—	香港天马书局出版
2002 年	周志超、周双玉	新世纪——图书馆管理与改革	—	《图书情报论坛》发表

续表

发表或入选时间	作者	著作（论文）名称	获奖情况	发表（入选）
2002 年	市馆	《鄂州市馆藏地方文献书目提要》	—	内部印行
2002 年	严国俊	新形势下中小型公共图书馆思考	一等奖	入选省图学术年会
2002 年	樊小庆	跳出怪圈，夯实基础求发展——我国乡镇图书馆发展之我见	三等奖	入选省图学术年会
2002 年	赵敏玲、江淑君	地市公共图书馆数据库建设之我见	三等奖	入选省图学术年会
2002 年	张云、邵义芳	试论湖北省公共图书馆条例对读者权益保护	三等奖	入选省图学术年会
2002 年	樊小庆	论基层馆长的四大人际关系	优秀奖	馆长培训班结业论文
2002 年	江新梅、周春芬	网络环境下的图书馆服务理论与策略	—	入选省图学术年会

资料来源：市馆刘菊花、张景瑞绘制。

附表 11　鄂州市图书馆所获荣誉一览表（1958~2003 年）

获奖时间	获奖称号	授奖单位
1958 年	湖北省先进图书馆	省文化厅
1981 年	先进集体	黄冈地区文化局
1982 年	先进图书馆	黄冈地区文化局
1982 年	全县财务工作先进集体	鄂城县人民政府
1984 年	湖北省儿童文化艺术少年工作先进单位	省文化厅
1989 年	先进集体	省文化厅
1990 年	文明城市建设治脏战役先进单位	市文明委
1990 年	工会工作先进集体	市总工会

续表

获奖时间	获奖称号	授奖单位
1991 年	庭院绿化先进单位	鄂州市人民政府
1991 年	爱国卫生先进单位	市爱委会
1992 年	文明单位	市委、市政府
1993 年	全省成功者与图书馆征文活动组织辅导奖	省文化厅
1993 年	文明单位	市委、市政府
1993 年	全省文化艺术档案工作先进单位	省文化厅
1993 年	全省第 1~5 届图书馆服务宣传周先进单位	省文化厅
1993 年	1992 年度市级文明单位	市委、市政府
1993 年	市文明单位	市委、市政府
1993 年	文化艺术档案先进单位	省文化厅
1993 年	全省第五届图书馆服务宣传周先进单位	省文化厅
1994 年	荣获监管人员读书成果组织奖	省综治委、省文化厅、省公安厅、省司法厅
1994 年	全省文化艺术档案工作先进单位	省文化厅
1994 年	1994 年被授予国家二级图书馆	中国文化部
1994 年	1993 年度市文明单位	市委、市政府
1996 年	1996 年市级文明单位	市委、市政府
1997 年	全省文化先进单位	省文化厅、省人事厅
1997 年	全市创建文化先进乡镇先进工作队	市创建办
1998 年	文明单位	市委、市政府
1998 年	全市宣传战线先进基层党组织	市委宣传部
1998 年	国家二级图书馆	中国文化部
1999 年	1998 年度市级文明单位	市委、市政府
1999 年	“书与社会”征文组织奖	省知识工程办
1999 年	“三颂”征文组织奖	省知识工程办
2000 年	全省第十二届图书馆服务宣传周组织奖	省知识工程办
2000 年	鄂州市千禧年迎国庆文化活动周组织奖	省知识工程办

续表

获奖时间	获奖称号	授奖单位
2001 年	2000 年度青年文明号	市人事、劳动局
2002 年	2001~2002 年度市级文明单位	市委、市政府
2002 年	第三届全民读书月暨第十四届图书馆服务宣传周先进集体	省知识工程办
2002 年	湖北省图书馆学会 2002 年学术年会组织奖	省图书馆学会
2002 年	2001 年度“周周乐”广场文化活动先进单位	市委宣传部
2002 年	少年儿童科普教育先进基地	市科协
2003 年	2002 年度文体系统“六优办公室”	市文体局

附表 12　鄂州市图书馆个人所获荣誉一览表（1979~2003 年）

获奖时间	获奖者	获奖称号	授奖单位
1979 年	张三育	鄂城县、黄冈地区农村文化先进工作者	鄂城县政府、黄冈地区文化局
1980 年	张三育	鄂城县、黄冈地区农村文化先进工作者	鄂城县政府、黄冈地区文化局
1981 年	张三育	鄂城县、黄冈地区农村文化先进工作者	鄂城县政府、黄冈地区文化局
1982 年	张三育	县劳动模范	鄂城县政府
1985 年	陈显清	市先进工作者	鄂州市委、市政府
1986 年	张三育	全省文化系统先进工作者	省文化厅
1986 年	张三育	两个文明建设成绩显著奖	市政协委员会
1988 年	张三育	市优秀共产党员	市直机关党总支
1989 年	张三育	为两个文明建设做出贡献	市政协委员会
1989 年	张三育	为图书馆事业的建设和发展做出有益贡献	文化部
1989 年	张三育	市优秀共产党员	市直机关党总支
1991 年	陈国治	全省文化系统先进工作者	省文化厅、省人事厅
1992 年	梁金秀	读书活动优秀辅导员	全国红领巾读书读报领导小组
1993 年	汪德林	全省第 1~5 届图书馆服务宣传周活动先进工作者	省知识工程领导小组
1993 年	范炜	全省第 1~5 届图书馆服务宣传周活动先进工作者	省知识工程领导小组

续表

获奖时间	获奖者	获奖称号	授奖单位
1993 年	王兰芬	两个文明建设先进个人	市委、市政府
1994 年	王兰芬	市级先进个人	市委、市政府
1994 年	田雪梅	全省文化艺术档案管理先进个人	省文化厅
1997 年	王兰芬	1996 年度社会治安综合治理先进个人	市委、市政府
1997 年	范炜	先进个人	市创建办
1998 年	樊小庆	市“151 工程”跨世纪学术和技术带头人	市政府
2001 年	田化堤	“双创”先进个人	市文明委
2002 年	李相东	湖北省第三届全民读书月暨第十四届图书馆服务宣传周先进个人	省知识工程领导小组
2003 年	张伟	2002 年鄂州市模范政协委员	市政协

资料来源：市馆刘菊花、张景瑞绘制。

大事记

1934 年

4 月，鄂城县民众教育馆成立，馆址设在城关巡抚街江西会馆处（现鄂城区邬家巷鼓楼小学左侧）。随之建立图书阅览部，共有藏书 300 余册，报刊 10 余种。时金牛民众教育馆设立图书阅览室。

同年底，鄂城设立“中山民众学校”。

1936 年

设在葛店邓平庙的中山民众学校建有图书室，有书籍杂志 2 万余册。

1938 年

10 月，鄂城民众教育馆被侵华日军飞机炸毁。

1943 年

为适应抗战需要，鄂城县政府将民众教育馆改组为鄂城县社会教育巡回工作队。

1946 年

4 月，鄂城县政府重新恢复民众教育馆，馆址设在城关衙街巷（现小北门市供销社处，后迁至庾亮楼至 1949 年）。同时恢复的还有金牛民众教育馆。

同年，为了加强社会教育，鄂城县政府发布350号训令，所属各乡设置民众阅览室。9月，金牛区属各乡成立民众阅览室。

1948 年

9月，县所属各乡大都设置了民众阅览室，其事务由乡文化干事兼管。

1949 年

5月，鄂城解放。9月，鄂城县人民政府接收国民政府民众教育馆，成立鄂城县人民教育馆，馆址仍然设在古楼街庾亮楼，教育馆内设有图书阅览室。

1950 年

5月24日，中央人民政府政参院颁布《关于规定古迹、珍贵文物及稀有生物保护办法》和《禁止珍贵文物图书出口暂行办法》（以政文基字第13号发出）。

12月，湖北省召开文化馆馆长会议，在关于图书馆工作方面指出："以工农群众通俗读物为主，广泛设阅览室、站、摊、流动棚、流通车，并组织读者建立系统学习，成立小组，发展扩大读书会，以小组按程度及读物性质划分，每周分别座谈交换读书心得，改进学习方法。"

1951 年

1月，鄂城县人民教育馆更名为鄂城县人民文化馆。

5月，樊口、葛店、华容分别建立文化站。

1952 年

鄂城县人民文化馆设置图书阅览室，开展借阅服务。

1953 年

9 月，文化部副部长郑振铎在湖北省文化局杨青生的陪同下来鄂城县视察文化工作。郑振铎一行参观了本县第一个农村俱乐部——怀德区将军乡俱乐部。该俱乐部下设有图书室、业余剧团等。

同年，全县首届文化工作会议召开。

1955 年

鄂城县贯彻 1953 年政务院文化教育委员会提出的“整顿巩固、重点发展、提高质量、稳定前进”的文教工作方针，全县共建有农村图书室 94 所。

1956 年

7 月，图书阅览室是从县文化馆分出，成立鄂城县图书馆，馆址在建设街东端八卦石。馆舍两层，总面积约 200 平方米。馆内设有普通阅览室，少儿阅览室，书库，外借处和采编室。有工作人员 4 人，藏书 2 万余册。

9 月，湖北省文化局拨款 3 万元，兴建鄂城县图书馆。

同年，县图书馆设置农村流动图书点 23 个，并首次培训农村图书管理员 42 人。

1957 年

7 月 15 日，县新图书馆动工兴建。

11 月，县新图书馆落成。新馆位于新民街 153 号，为一栋三间楼房，内有收藏室、阅览室、书库、办公室。有藏书 14954 册，古籍 1 万余册，报纸 11 种（份），杂志 32 种。后图书馆搬迁到古楼街。

同年，为配合全县文化站图书室建设，图书馆帮助建立葛店、庙岭等乡图书室 108 个，图书室藏书 7806 册。

1958 年

1 月 7 日，省图书馆为了帮助各县图书馆开展为农业生产服务工作，召开有鄂城等 6 个县馆参加的座谈会。

同月，湖北省文艺干校撤销，原省艺校干部张三育调任鄂城县图书馆馆长。

同年，县馆被列为省图书馆重点辅导馆之一，馆内分设成人阅览室和少儿阅览室。

同年，县馆开展普及图书室工作，协助建立农村俱乐部图书馆 11 个，图书室 523 个。图书馆室藏书一般为 200 册左右，也有藏书达千余册。

同年，县馆被评为湖北省先进图书馆。

1959 年

4 月，省图书馆派阳海清等到鄂城县华容公社朱秦大队蹲点。

同年，鄂城县农村公社图书馆发展到 14 个，图书室 519 个。

同年，华容朱秦大队图书室被评为湖北省先进图书室。

1960 年

7 月，县图书馆、县文化馆联合举办工农群众学习毛主席著作展览会。

12 月，根据中央和文化部《关于调整文化事业和精简人员》等指示，撤销鄂城县图书馆建制。

1961 年

6 月，鄂城县图书馆正式被撤销，人员、藏书等并入鄂城县文化馆，馆内设图书阅览室。撤销后的图书、设施设备等由古楼街搬迁至位于大西门广场北的城隍庙内，其庙宇三个大殿的中殿西室和后大殿为书库和阅览室，对外开放。

1965 年

春，文化部副部长刘仰峤来鄂城县视察文化工作。

同年，县文化馆设文艺股、图书阅览室等 5 个部门。恢复和建立区（镇）文化站 11 个。

1966 年

5 月，因受“文化大革命”影响，县文化馆图书阅览室关闭。

1969 年

1 月，县文化馆全体人员到县东沟公社磨刀矶湾，参加全县县直机关毛泽东思想学习班。

1971 年

1971 年县文化馆成立图书组，原县图书馆张三育负责图书辅导工作。同年 3 月，县文化馆图书阅览室恢复开放。

1972 年

咸宁地区文化局在省图书馆协助下在鄂城县举办各省各县图书馆干部培训班。鄂城县文化馆张三育参加。

县文化馆协助恢复建立全县农村图书室 208 个。

1973 年

县文化馆图书阅览室由城隍庙搬迁至城关十字街原县业余干部学校，对外开放。

1977 年

县农村文化（图书）室陆续恢复，开展活动。

1978 年

8 月 31 日，鄂城县图书馆恢复独立建制（乙等县级馆），为湖北省首批 7 家恢复独立建制的县馆之一，有年度经费 9000 元，人员 3 人，张三育任副馆长，主持工作。

1979 年

11 月，鄂城市、鄂城县分设，分别成立鄂城市图书馆，鄂城县图书馆。

同年，县馆搬迁至位于大西门广场新建的县文化综合大楼，与县文化局、县文化馆、县博物馆和县楚剧团共处一栋大楼。图书馆位于一楼东侧，面积 240 平方米，藏书 2 万余册。

同年，省图书馆在江陵召开第一次全省公共图书馆馆长学习班，县图书馆张三育参加。

同年，省图书馆在新洲县举办为期 20 天的全省公共图书馆业务培训班，县馆江新梅参加。

同年，县馆《图书工作简讯》创刊。该刊主要反映图书馆工作动态，油印，每年不定期编印，面向省文化厅、省图书馆及省内各市级馆等发送。

同年，县馆张三育作为先进代表出席鄂城县和黄冈地区农村文化工作表彰大会。

1980 年

4 月 12 日，省文化局在襄樊市举办为期 18 天、由 101 名学员参加的全省公共图书馆馆长训练班，县馆张三育参加，省文化局副局长钱远铎作结业报告。

6月18~21日，县馆举办了全县第一期图书管理员训练班。参加的单位有省专和县属厂矿、机关、学校图书室管理员共21人。

9月，县新华书店向县馆赠送《毛泽东选集》100套。

同年，县馆张三育作为先进代表分别出席鄂城县和黄冈地区农村文化工作表彰大会。

1981年

1月17~20日，县图书馆与县文化馆联合召开全县各公社文化站站长和文化站图书管理员会议。出席会议的有15位公社文化站站长，5位文化站专职图书管理员。会上对上年度基层图书室工作进行了全面的总结和评比，葛店、沙窝等文化站图书室被评为先进单位。县文化局局长刘维福等三位局领导先后到会指示。

同月，“文化大革命”后政协鄂城县首届（鄂城县第六届）代表大会召开，县馆张三育当选为政协委员。

4月22日，县馆组织召开城关所在地的省、地、县、市属各厂矿、学校、机关单位图书馆（室）图书管理员会议。学习国务院1981年1月30日颁发的《图书、档案、资料专业干部业务职称暂行规定》等，并结合各行业工作特点，讨论了如何发挥图书资料为生产科研、教学服务和做好跟踪服务、定题服务等问题。

10月，鄂城县图书室工作现场会在沙窝公社召开。

农村全面恢复文化站（室）建设，各公社文化站建有图书室22个，总面积817平方米。藏书17984册、报纸201种、杂志291种、书架26乘。有专、兼职管理员21人。

同年，县馆业务工作照片在《黄冈报》上刊发。

同年，鄂城县图书馆被评为黄冈地区先进集体。

同年，县馆张三育作为先进代表，分别出席鄂城县、黄冈地区召开的农村文化工作表彰大会。

1982 年

8 月，著名画家张振铎、书法家周华琴与鄂城书画作者座谈会在县馆综合借阅厅召开。

12 月，县馆张三育参加黄冈图书管理员培训班，并在培训班上作辅导发言。

同年，县馆张三育担任黄冈地区图书、档案资料专业干部业务职称评定委员会委员。

同年，县馆被评为黄冈地区先进图书馆，馆财务工作被评为全县先进集体。

同年，县馆张三育被中共鄂城县委、鄂城县人民政府授予“劳动模范”称号。

1983 年

6 月，鄂城连续遭受冰雹、龙卷风和暴雨袭击，文化系统房屋倒塌 122 平方米，损失图书 11700 册。

8 月，配合全县落实知识分子政策，县馆退还“文化大革命”期间查收的个人书籍 16 册。

9 月，经国务院批准，撤销鄂城市、鄂城县，新建省辖鄂州市。原市、县文化局合并，成立鄂州市文化局。

同年，黄冈地区图书馆举办为期两个月的全地区图书馆业务培训班，江新梅参加学习。

1984 年

1 月，省文化厅下拨建设市图书馆新馆基本建设费 10 万元。市财政下拨建设市馆新馆基本建设费 5 万元。

2 月，鄂州市政府（政办）36 号文件，批复成立文化局局属二级单位鄂州市图书馆等，时馆藏文献 3.7 万余册（件）。年度经费由原来的 9000 元增加到 2.4 万元。张三育任鄂州市图书馆副馆长，主持工作。

3 月，原鄂城市文化局图书馆（筹）图书及管理干部 1 人一并归于市图书馆。

4 月，陈国治调任市图书馆工作。同月，市文化局启动《鄂州文化志》编撰工作，市馆张三育为该志编委，负责《鄂州文化志·图书馆篇》的编撰工作。

6 月，市馆陈国治、樊小庆赴沪参加上海书市，同时为即将开办的市馆服务部组织文具等商品货源。当月，省文化厅拨款 10 万元作为新建市馆启动资金。

7 月，市馆张三育当选为市首届政协委员，张委员关于兴建市图书馆新馆的提案获得该年市政协会议通过。同月，孝感地区举办全区公共图书馆业务竞赛，省图书馆辅导部派员到场指导。市馆应邀派沈国桢、樊小庆前往观摩学习。

8 月，市文化局任命陈国治为市图书馆党支部副书记，主持工作。

10 月，设立办公室。

11 月 10 日，国家计委、国家物资储备局设计所邓所长、朱工程师等 5 人来鄂，商谈市馆新馆建设。市委副书记徐景炫，市委宣传部部长王性初，市文化局局长吴凤灵、副局长严三明，市馆陈国治等参加。

11 月 14 日至 12 月 12 日，市文化局副局长严三明率领市馆陈国治、樊小庆，设计所工程师黄友祥、陈文华赴重庆、长沙、深圳等地考察图书馆建设。

同月，市馆荣获“湖北省少儿工作先进集体”称号。

12 月 25 日，国家物资储备局设计所所长邓述麟率领主要设计人员黄友祥、陈文华等 6 人，携带新馆设计图纸、模型来鄂州。市委副书记徐景炫、市委宣传部部长王性初以及市城建委专家、市文化局局长吴凤灵、副局长朱秋文，市馆陈国治等共同审定。

同年，全市有农村图书室 25 个，藏书 23370 册，活动面积 1232 平方米。

同年，市馆图书目录卡片采用中文打字机打印，结束了多年使用钢板蜡纸刻印卡片的历史。

同年，省财政厅、省文化厅无偿下拨市馆价值 4 万元的友谊牌黑白复印机 1 台。

同年，市馆位于南浦路北段的图书馆服务部成立。服务部面积 70 余平方米，人员5人，主要经营电子元件以及打字复印服务。

1985年

4月，市委、市政府将兴建图书馆列入全市要办的15件好事之一。

同月，市馆新馆筹建工作正式展开。市政府以每亩1.6万元的价格分2次共征得百子畈村一组、四组、八组3个小组土地13.706亩。同时依据相关政策，招收因村组土地被占工人27人，其中图书馆留6人，其余21人安排到鄂州商场等单位。

5月25日，由湖北省纺织设计院承担的新馆工地静电测试地质情况开钻。

10月，市馆樊小庆撰写的《图书个别登记可以省去》头条发表在《图书馆员》1985年第5期，此为市馆首次在公开出版物上发表专业文章。

11月11日，市馆招收土地工人6人正式到馆上班。

14日，市馆召开读者座谈会，来自市公安局、市机械厂、鄂城钢铁厂、市粮食局等单位代表10余人。市文化局副局长朱秋文参加会议。

同年，市财政下拨建设市馆新馆基本建设费20万元。

同年，市馆作为全市职称改革的试点单位，组成了由市文化局领导、市图书馆、市总工会负责人在内的职称评议专家小组，负责对全市图书馆界干部职工进行“文革”后的首次职称评议工作。市馆1人被评为副研究馆员，1人被评为馆员，9人被评为助理馆员和管理员，所评估结果报上级相关部门。

同年，市馆阅览室试行“开架”、部分外借图书“半开架”服务。

1986年

5月8日，市委宣传部部长王性初，副部长湛有恒，市文化局朱秋文、张铭东等领导，图书馆陈国治等，于晚7时到市长周朗溪家中汇报新馆图纸修改方案，周市长原则同意此方案。

5月22日，文化局领导吴凤灵、朱秋文、张铭东、许宽帜，市馆陈国治等于当晚8时在张铭东家，召开落实市馆新馆承建单位事宜。会议基本确定由庙岭建设安装公司负责承建。

6月14日，市馆举行了新馆破土动工典礼。

同月，张三育不再任市图书馆副馆长，改任调研员。

7月初，新馆破土动工。先期工程为建筑围墙，由本市旭光建筑工程公司建设。

22~23日，省文化厅召开市级公共图书馆标准讨论会议。会议由文化厅社文化处处长张习中主持。参加会议的有省图书馆副馆长徐孝宓、辅导部主任范雪，以及武汉、鄂州等8个地市馆共22人。

8月，陈国治任市馆党支部书记，主持工作。

12月，市馆新馆主体工程动工，由本市庙岭建筑安装工程公司承建。

同年，省财政厅下拨市馆新馆基本建设费10万元。市财政下拨基本建设费20万元。

同年，市馆在文化系统中率先完成《鄂州文化志》中图书馆大事记的编写。

同年，为本市工农业生产服务提供科技信息的《科技信息文摘》创刊，该刊为季刊，油印，发行对象为市各科研单位和乡镇农科所、文化站及个人等。

1987年

3月16日，市馆报刊阅览开始实行全开架服务。

3月，全馆进行藏书清理。经清理，全部馆藏为52440册（书45003册，期刊152种、3268册，报59种、4169份）。报刊阅览开始试行开架阅览服务。

4月，应武汉图书馆邀请，市馆调研员张三育率领市馆12人前往参观，并到中南财经大学图书馆、湖北省图书馆参观学习。

5月，由市委宣传部主办的《赵怡忠烈士英雄事迹展览》在市馆开展。

6月25日，由市职称改革办公室、市科技局、市文化局组织并监考的全市首次图书资料职称专业考试在市馆开考。共23人参加考试，其中市馆6人、教育系统5人、卫生系统1人、党校1人、厂矿企业10人。

7月2日，全市图书资料职称古汉语（英语）考试在市馆进行。

8日，市文化局团总支召开全系统团员代表大会，市馆代表樊小庆被选为局团总支委员会委员。

7 月，市馆干部程少舫升任市图书馆副馆长。

21 日，华中师范大学图书情报专业干部专修班夏玲华、罗斌、王雁兵到馆上班。

10 月 1 日，市馆开办的商店——图书馆服务部开业。该部位于南浦路十字街东南，面积 78 平方米，主要经营文具和无线电元器件，以及复印机复印业务。

12 月，由国家计委、国家物质储备局设计所设计、市庙岭建筑安装工程公司承建的市馆新馆按时竣工。新馆面积 2046 平方米，造价 110 万元。

同年，文化部图书馆司两任司长鲍振西、杜克先后来新馆工地视察。

同年，市财政局下拨新馆基本建设费 12 万元。

1988 年

3 月 8 日，市政府副市长阮宝洲在文化局副局长张铭东的陪同下，来市馆视察。

22 日，黄石市图书馆馆长万群华、副馆长何鑫龙一行 6 人来市馆交流指导。

25 日，黄冈师专图书馆邓馆长一行来市馆交流指导。

3 月，本市著名书画家胡家凯、夏廷铎等来市馆，评议即将在市馆新馆开展的全市书法展览作品。

4 月 2 日，市馆老馆所有藏书与办公家具等全部搬迁至新馆。

5 日，市委副书记王性初、市委宣传部部长夏航来馆视察指导。

12 日，市馆新馆举行开馆典礼，共 60 余位领导和来宾出席。同时，由市馆举办的《发展中的鄂州市图书馆》大型图片展览开展，历时一个月市各级领导和机关干部、学生等 3 万多人次参观。

23 日，省图书馆辅导部主任李刚、荆门市图书馆副馆长郑晓华等来市馆指导交流。

28 日，全市农村文化工作会议在市馆会议室召开。

5 月，经省、市图书资料高、中级职务评审委员会评审通过，市馆有 1 人具备图书资料专业副研究馆员任职条件，3 人具备助理馆任职条件，4 人具备管理员任职条件。社会参考（评）单位图书馆（室）中，有 1 人通过考评为馆员，9 人通过考评为助理馆员和管理员。

同月13~14日，华中师范大学成人中专部鄂州教学点招生考试，市内外共37人参加。

22日，由团局委委员、馆团支部负责人樊小庆带领，团员和青年周春芬、夏玲华、罗斌等6人走上街头，开展首次图书馆服务宣传周活动。

6月，少儿书刊出租室正式关闭，停止租借。

7月，《市人民政府办公室转发市文化局关于搜集保存地方文献的报告的通知》（鄂州政办发〔1988〕59号）下发，此为本市首部书刊呈缴本法规。

8月，市科学技术委员会科技情报所将2000余册书刊资料赠送市馆。

9月14日，由市物理学会交由市馆共同向读者投入使用的自然科学图书14679册到馆。

21日，市馆配合《烈血军魂》电视组在市馆拍摄该剧分镜头。

23日，市馆与市民盟联合举办的华中师范大学成人中专部图书情报专业鄂州班开班典礼在市馆隆重举行。民盟湖北省主委、市政协徐副主席，市委统战部、市民盟主委杨景亨，市委宣传部，市文化局，市教育委员会，市广播电视大学等领导以及新闻记者到会。

11月14日，市编制委员会、市委组织部、市劳动人事局在市文化局副局长张铭东的陪同下，一行9人来市馆，就人员定编事宜进行现场调研。

同月22~29日，市科学技术委员会派员来市馆及市馆重点服务点市铅网厂，拍摄《科技十年改革成就展》服务成果镜头。

12月20日，市馆将制作的“科技服务成果展览”展牌送到湖北省文化厅，参加全省图书馆科技服务成果展。

同年，市馆完成《鄂州文化志·图书馆篇》的编撰工作。

1989年

1月5日，副省长韩南鹏，省教委等领导在副市长阮宝洲，市文化局局长吴凤灵等陪同下，莅临市馆视察指导。

3月3日至5月25日，市职业中专科技情报班89届毕业生6人在该校刘老师的带领下，到市馆实习。

3月，市馆对全市基层图书室摸底调查，共调查单位208个，其中有图书室的182个，藏书304780册，图书管理人员352人。

5 月 4 日，市馆团员青年参加由团市委举办的联欢会。

25 日，市职业中学赵校长、刘老师带领在市馆实习的学生来馆，向市馆赠送锦旗并合影留念。

6 月 27 日，副馆长程少舫参加由省图书馆在黄石市举办的业务研讨会。

7 月 21 日，市馆从武汉购回价值 1.2 万元的“超汉四通打印机”并投入使用，此为市馆用该机替代中文打字机打印目录卡片之始。

26 日，市馆订购的由武汉教学仪器厂生产的钢质书架 10 组（50 乘）到馆并开始在社科和自科室安装。至 8 月新书架全部安装完毕，投入使用。

7 月，华中师范大学职工中专部图书情报专业鄂州班有 21 名鄂州、黄冈学员被录取。

8 月，陈国治带领采编部、服务部负责人赴京参加全国书市，共采购图书 2000 余种，2400 余册，价值 10800 元。

10 月 5 日，省图书馆电大教学部主任范雪等二人来馆，就联合举办图书专业证书班事宜进行商讨。11 日，市馆举办的由外单位图书室管理人员 13 人参加的“图书专业证书班”开始上课。授课老师田雪梅、樊小庆、沈国祯、夏玲华分别主讲《图书馆基础》《读者工作》等四门课程。

12 月 5 日、20 日，华中师范大学成教学院领导来馆指导检查本点教学工作。

12 月，副市长朱曙霞在市文化局领导陪同下莅临市馆检查指导。

同年，市委宣传部在市馆举办“向战斗英雄赵怡忠烈士学习”图片展览，参观人数逾万。根据赵怡忠烈士事迹改编的电视剧《烈血军魂》再次在市馆拍摄分镜头。

同年，市科委科技情报所 1114 册过刊捐赠市馆收藏。

1990 年

2 月，全馆人员参加倒架清理外借部全部藏书。

4 月，省文化厅社文处处长张习仲来市馆视察指导。

5 月 4 日，全省中等城市图书馆第二次业务建设研讨会在十堰市召开。市馆陈国治、田雪梅参加。

5 月 24 日，市馆派沈国桢、夏玲华到省图书馆，学习《中国图书馆分类法》（第三版）。

8月18日，市委书记吴华品，副书记周朗溪，宣传部部长湛有恒，在市文化局局长吴凤灵等的陪同下，莅临市馆视察指导。

9月1日，市馆档案室建立，由馆辅导部兼管。

10月，省计委文教处周处长在市计委副主任李其福的陪同下，来市馆检查工作。

同月，馆社科室更换新目录柜7组。

11月，市馆在参加文化局举行的文化系统运动会上，获乒乓球男团亚军，女子团体第三名，江涛、李红分获男、女单打冠、亚军。

同月，市编制办公室核定市馆编制29人，为财政全额拨款事业单位。

12月，市馆第二套读者用字顺目录投入使用。

同月，华中师范大学成人中专部鄂州班图书情报专业21名学员完成学业，顺利毕业。

同年，市馆投入绿化资金2.5万元，种植草坪500平方米，植树2500余棵。馆总绿化面积达5000平方米。

1991年

1月17日，市馆主持召开的鄂州市图书馆界首届学术论文研讨会。本届研讨会收到论文19篇，有22人参加会议。

同月，市文化局干部张伟调任市图书馆馆长。

同月，由鄂州市人民政府主编、武汉大学出版社出版的《鄂州人物》出版发行，市馆离休干部张三育副研究馆员信息被该书收入。

3月4日，市委书记邓庆宗，副市长朱曙霞，市委宣传部部长湛有恒在市文化局局长吕克克的陪同下，莅临市馆检查指导，并为市馆赠书捐款。邓书记当场赠书24册，宣传部捐款300元。市馆张伟个人捐赠了价值400余元的《中国图书馆小丛书》一套。

同月，馆科技服务部与辅导部合并，成立科技辅导部。

5月1日，因城市建设需要，市馆位于南浦路北段的图书馆服务部拆除，市城建部门将在原址上统一建设后还建。

5月11日，全省八市文化工作检查团来市馆检查指导工作。

10月20日，市馆召开全市重点读者座谈会，市享受国务院津贴专家、市公路段副段长邵树人，市蔬菜专家张济元等10余人参加。

10 月 26 日，省委宣传部办公室主任李勇在市委宣传部、市文化局领导陪同下来市馆参观考察。

11 月，市馆举办全市图书馆界业务知识竞赛，来自全市基层图书馆（室）40 余名图书馆管理员参加。竞赛评出一、二、三等奖，鼓励奖若干名，市造船厂皮兰英获一等奖。

同年，市馆机构调整，原借阅部分开，分别成立外借部、阅览部。全馆机构为采编部、外借部、阅览部、少儿部、科技服务部、辅导部和办公室。

同年，馆办公室主任王兰芬升任市馆副馆长，负责行政工作。

同年，读者用字顺目录全部排完。目录及导卡均投入使用。

同年，由市政府投资，在市馆四楼建成“艺苑歌舞演艺厅”，为本市的改革开放及投资外商提供了良好的文化娱乐场所。

同年，市馆与市广厦房地产公司签署共同开发建设图书馆职工宿舍楼合同。

1992 年

1 月 27 日，省图书馆馆长熊金山、辅导部主任贺定安等一行 4 人来市馆视察指导。

同月，市馆完善并建立报纸目录及导卡，并投入使用。报纸目录柜投入使用。

同月，文化部图书馆司司长鲍振西、周处长，省文化厅副厅长周济洋来市馆视察工作。

4 月 1 日，武汉大学图书情报学院研究生院硕士研究生尹章池到市馆报到上班。

7 月，市文联干部范炜调任市图书馆副馆长。

8 月，按照全省统一部署，市馆历时 45 天，对全市文献进行普查，并用计算机汇总。普查结果为：本市城乡共有文献收藏单位 148 个，藏书 297.139 种，778.298 册（件）。

11 月 24 日，市文明单位检查团来市馆检查验收，市馆文明创建工作获得通过。

同年，市馆与市民盟合办扬子江自修大学鄂州辅导站。

同年，市馆开办学前班，首期有学员46名，鼎盛期学员达120余名。

同年，市馆举办图书馆专业知识培训班两期，共培训学员23人。培训学习结束后，由馆辅导部主任田雪梅带领，到江西庐山图书馆、湖北省图书馆参观学习。

1993年

1月，市文化系统干部严国俊调任市图书馆副馆长。

5月8日，市委宣传部在城区闹市中心新世界商厦门前举行捐书活动启动仪式，号召全市各级各单位开展向各级图书（文化）馆站捐书捐款。市委常委、宣传部部长湛有恒主持活动启动仪式，市政协主席周伯辰等领导出席。此次捐书活动长达3个月之久，市馆共接收95家单位的捐书17.23万册，捐款8276元。

7月，科技部与辅导部分开，成立科技部。

8月，市馆被省文化厅评为全省第一至第五届图书馆服务宣传周先进单位。

11月25日，位于馆主楼西南角的配套续建工程附楼破土动工。

12月29日，市馆召开全馆干部职工大会，就落实房屋改革事项进行讨论。会议由馆房屋改革领导小组组长、馆长张伟主持。会上，市馆房改小组就房屋改革政策、优惠条件及其他标准等作了阐述。

同年，鄂州编办19号文件下达，市馆增加编制数1人，人员总编制达30人。

同年，目录编制采用计算机进行，结束了打字机打印目录卡片的历史。

同年，在实施业务、经营双向承包改革的同时，出台了对部主任实行聘任制的制度，打破了多年来部室干部一纸定终身的委任制。

同年，市馆荣获省文化厅颁发的全省成功者与图书馆征文活动组织辅导奖。

同年，市馆被省文化厅评为全省文化艺术档案工作先进单位，被市委、市政府评为市级文明单位。

1994 年

3 月，文化部图书馆司司长杜克，香港汉荣书局董事长石景宜等视察市馆。

4 月，市文化局成立评估定级领导小组，组长为分管图书馆工作的副局长江国超，副组长为市馆馆长张伟，文化局文化科副科长管惠文。成员有市馆副馆长范炜、王兰芬等。

6 月 12 日，由省文化厅社文处副处长汤旭岩，省图书馆副馆长阳海清率领的湖北省公共图书馆评估验收工作组来到本市，对市馆检查验收。经过评估验收小组认真严谨的检查评估，市馆获得满分 1000 分中的 818 分。

同月，市馆荣获省综治委、省文化厅、省公安厅、省司法厅颁发的监管人员读书成果组织奖。

9 月，市馆配套续建工程附楼竣工。该附楼为二层，总面积 679.75 平方米。

10 月，《湖北省文化厅转发文化部关于下发地、县公共图书馆定级名单的通知》（鄂文文字〔1994〕第 213 号）下发，经文化部审定，鄂州市图书馆定级为国家二级馆。

12 月 1~6 日，全国文化工作先进县市区调查鄂州市文化工作情况调查组对全市文化工作情况开始调查。市馆田雪梅、樊小庆、郭丽被抽调到文化工作情况调查组工作。经调查，全市有社会各行业部门图书馆（室）126 个，乡镇图书馆（室）17 个，藏书总数 78.4 万（不含城乡个体书屋）管理人员 255 人，其中专职 199 人，兼职 56 人。

同年，市馆购书经费由原来的 5 万元增加到 10 万元。

1995 年

2 月 24 日，武汉市洪山区图书馆馆长邵学斌，武汉市东西湖区图书馆馆长任勇一行来市馆交流。

2 月 27 日，市馆送书 1 万册到华容镇文化站，帮助建立起鄂州市第一座乡镇图书馆。

3月2日，全市文化系统总结表彰大会在市文化娱乐中心举行。会上，市人大副主人胡盛海为市馆颁发了文化部授予的“国家二级图书馆”匾牌。

14日，市馆召开总结表彰大会。市文化局党委书记、局长陈汉祥，党委副书记、副局长骆水平，局党委委员、纪检组长夏学忠到会并讲话。

15日，武汉市图书馆馆长李皓率领该馆人员来市馆交流指导。

22日，黄冈地区图书馆馆长陈镇远率领该馆人员来市馆交流指导。

6月26日，全市图书馆界第四次学术研讨会在市馆召开。

6月28~30日，《湖北长江经济带文献信息开发丛书》编纂培训班在省图书馆开班。培训班由该丛书主编、省馆副馆长阳海清研究员主讲，市馆派员参加培训。

7月，市馆派人专程赴广东省佛山市，接回由香港实业家、香港汉荣书局董事长、香港著名爱国人士石景宜先生赠送市馆的3400余册港台版图书，该批书到馆后，市馆按其要求独立设置“景宜书屋”典藏。

7月，市馆党支部书记陈国治病故。

8月1日，迎接香港书业巨子、“捐书大王”石景宜先生捐赠市馆价值20余万元港台书籍到达仪式在市馆举行。市委副书记徐景炫，市人大副主任胡盛海，副市长朱曙霞等出席仪式并讲话。市文化局局长陈汉祥主持捐赠仪式。

10月5日，市文化局陈汉祥、市馆张伟赴北京，参加香港著名爱国人士石景宜先生在京举办的向全国图书馆界捐赠图书仪式。

11月10日，《湖北长江经济带文献信息开发丛书——鄂州卷》特约记者会在市馆召开。来自市新闻、文化、教育、企业等方面人员近20人参加会议。会议就丛书鄂州卷编纂准备情况作了详细介绍，并就所需做的工作作了部署和分工。

同年，湖北省文化厅编辑反映全省文化工作的大型彩色画册，在鄂州市文化系统入选该画册的8幅图片中，市馆长期跟踪服务的国家级专家邵树人研制的“太阳能远红外沥青加热装置”等3幅入选。

同年，市馆支持贫困山区图书馆事业的发展，在馆藏有限的条件下，仍想方设法选出5000册图书，捐赠给英山县图书馆。

同年，香港商人王正铎先生向市馆捐赠图书1400册，价值2万余元。

同年，市馆田雪梅馆员撰写的《特殊图书室的效应——一个探索和研究的新课题》一文入选第62届国际图书馆协会联合会（IFLA）大会征文并获优秀奖，创市馆论文入选国际最高级别图书馆专业论坛之最。

1996年

2月6日，市文化局中级职称评审委员会成立，副研究馆员张伟、范炜，馆员樊小庆被聘为评审委员会委员。

3月，召开全馆大会，传达鄂州市创建文化先进县区乡镇事宜，市馆成立以范炜为组长的三人工作小组，负责华容镇和大湾乡工作。

4月7~10日，湖北省第六届大中城市业务建设研讨会暨第九届学术研讨会在市馆召开。省文化厅厅长周祖元、副厅长周济洋，鄂州市市长李官喜、副市长朱曙霞出席会议。来自湖北省和武汉市等20余家图书馆的领导和专家70余人参加。此次会议市馆有13篇论文入选交流，在评选出的40篇优秀论文中，市馆占4篇。

18日，市文化局局长陈汉祥、副局长骆水平，文化科科长宋盛良等来市馆检查指导。

20日，创省级文明城市市文化局迎接检查现场会在市馆召开。市文化局骆水平要求参会单位在资料、档案等建设上以市馆档案为标准准备。

26日，湖北省文明城市检查团一行7人来市馆检查指导，张伟向检查团汇报市馆文明创建工作情况。

5月30日，《湖北长江经济带文献信息开发丛书》编纂办公室主任吴武才，武汉市蔡甸区图书馆郭馆长来市馆就丛书一事指导交流。

6月13日，市馆科技服务点鄂城区燕矶镇坝角村党支部书记周才富率领村领导班子来馆，就市馆为其服务并提供优良水稻品种“泰101”等事项商议和表示感谢。

7月，市馆为市政府办公室《关于农村医疗卫生保障体系的理论与实践研究》课题组完成1万字的医疗卫生保障专题书目索引。

9月10日，“景宜书屋”正式开放。该室藏有香港汉荣书局董事长石景宜先生所捐赠港台书籍1900余种、3400余册。此外，还藏有港商王正铎先生所捐书籍以及其他港台书籍。

同月，严国俊被市文化局抽调到文化局电影公司工作组工作。

同月，市馆新建在一楼大厅两侧，藏书1万余册的综合外借处开放。

11 月，市馆开办全市基层图书馆（室）管理人员专业知识培训班，参加培训人数 30 人。

12 月 11 日，市委书记陈训秋莅临市馆视察。

同年，鄂州市知识工程领导小组成立。市知识工程领导小组成员单位有市委宣传部、团市委、市妇联以及当地文化、教育、新闻等 13 家部门。市知识工程领导小组首任组长为副市长朱曙霞，市知识工程领导小组办公室首任主任为市文化局局长夏建国。知识工程领导小组的职责是组织和领导群众性读书活动的开展。

同年，在全市进行的“万农村书库”建设中，张伟个人捐赠价值 400 元的《中国农村图书文库》（100 册）一套，为全市单位和个人向“万农村书库”捐赠图书第一人。

同年，为配合市政府实施名牌战略，宣传鄂州产品，省级课题《湖北长江经济带文献信息开发丛书·鄂州名优特产录》一书编纂正式启动。

1997 年

3 月，应鄂州市一医院邀请，张伟率领市馆 4 人到该院协助开展创建“三级甲等医院”院图书室工作。经过 40 余天的努力，市馆工作人员将院藏 1500 种书刊重新分编，加工书刊 1400 余种、3100 余册，编制书刊款目 1300 款，调整卡片式分类目录，新编书本式中文专题书目一部，输入计算机识别数据 5000 条，并对图书室工作制度、管理方法等其他业务进行规范。

8~9 月，应市妇幼保健院邀请，市馆派汪德林等两人到该院辅导，并帮助完成图书室 1500 册书籍的分编，加工整理全部所用目录卡片近万张，编制专题书目索引一种。

11 月，市馆科技服务点鄂城区燕矶镇坝角村党支部书记周才富一行 3 人专程来馆，对一年来市馆对他们的帮助表示感谢。

同年，市委书记陈训秋莅临市馆视察指导。

同年，市文化局干部陈家宽调任市图书馆党支部书记。

1998 年

1 月 13 日，《湖北长江经济带文献信息开发丛书》编纂办公室主任吴武才，武汉市蔡甸区图书馆郭馆长等 4 人来市馆就丛书一事指导交流。

4 月 30 日，市馆科技服务点鄂城区燕矶镇坝角村党支部书记周才富、村委会刘主任一行 4 人来馆，交流科技扶贫事宜。市文化局局长夏建国到会。

4 月，市文化局骆水平来市馆，就市馆首次计算机项目检查指导。

6 月 3 日，第二次公共图书馆评估工作开始，市馆开放时间改为 60 小时/周，外借和阅览两个主要服务窗口中午不闭馆，全天开放。恢复节假日对读者全年开放。馆购书经费由原来 10 万元增加到 15 万元。增加实达牌计算机终端 9 台，主机一部。同时，市馆试启用公共图书馆界通用的《中国机读目录规范格式》（CNMARC）对中文图书著录，并开始采用图书馆自动化业务系统（ILAS）分编图书。

7 月 15 日，市馆举办的“百名最佳读者”颁奖大会召开。市政府黄俊、市商务局张江涛等 100 名读者被评为最佳读者。

7 月，市馆党支部书记陈家宽病故。

9 月 3 日，馆长张伟率领汪德林等 3 人到梁子湖区沼山镇，与该区镇领导商议建设先进文化站事宜。

19 日，局评估领导小组组长、副局长骆水平等来馆，召开迎接省评估定级检查组事宜。

21 日，文化局局长陈汉祥，科长郭辑、张艳丽等来馆，听取市馆关于迎接省评估定级检查组到来准备工作情况。

22 日，省评估定级检查组一行 4 人，由省文化厅社文处副处长汤旭岩率领莅临市馆检查验收。市文化局局长陈汉祥，副局长江国超、夏学忠，纪检组长熊才刚等到场。陈汉祥致欢迎词，馆长张伟汇报。

10 月，经市馆、市文化局推荐，馆长助理樊小庆被市人民政府批准为“鄂州市‘151 工程’跨世纪学术和技术带头人”。

同年，为领导提供参考服务的《决策参考》创刊，该刊为不定期发行。

同年，馆长张伟当选为市政协委员。

1999 年

2 月 10 日，市馆举行表彰大会，市文化局陈汉祥到会祝贺，并为获奖者颁发奖状。

5 月底，第十一届图书馆服务宣传周活动中，鄂州市图书馆联合鄂州市职业大学图书馆、鄂州市总工会图书馆在市总工会门前举行宣传活动。

9 月 2 日，市文化局局长夏建国、副局长骆水平等 7 人来到市馆，宣布市馆领导班子调整：张伟、范炜不再任馆长、副馆长职务，张志明任馆长，王兰芬、严国俊、樊小庆任副馆长。14 日，市馆党支部改选，新党支部由张志明（书记)、王兰芬、樊小庆、陈显清 4 人组成。

26 日，由市知识工程领导小组举办、市馆承办的“鄂州市庆祝建国五十周年知识竞赛颁奖大会”在市馆举行。市人大副主任胡盛海以及市文化局、市教育局等多家部门和单位领导出席。

10 月，湖北省知识工程领导小组通报全省《书与社会》征文比赛结果，由市馆组织选送的邱祥启、姜继尚等 6 人作品获三等奖和优秀奖。市教育委员会、市图书馆获组织奖。

12 月 14 日，市文化局夏建国、江国超及文化科成员等一行 4 人来市馆调查研究，张志明就计算机应用、门前开发等事项进行汇报。

12 月 18 日，鄂州市专家协会成立，名誉会长为市委副书记、市长蒋大国，樊小庆被推荐批准为市专家协会会员。

同年，市馆积极开展“文化拥军、捐书寄情”活动，市文化局夏学忠率领张志明等专程到市武警支队，将 508 册图书捐赠给武警官兵，并对该图书室管理人员进行业务辅导。

同年，计算机正式应用于市馆采编部，图书加工之条码粘贴先行，原打码方式终止。回溯建库工作全面开始。

同年，严国俊抽调到市文化局工作。

2000 年

1 月，市文化局干部王冈宁调任市图书馆工会主席。

3 月 6 日，文化局夏建国带领文化科科长陈步红来馆，就市馆工作改革、房屋改造和参加全国公共图书馆第三次评估工作给予指导。

5月，市馆在新世界商厦门前举行“首届全民读书月暨第十二届服务宣传周”活动开幕式，开幕式后进行万人签名活动。

同月，省图书馆特藏部李天祥、管小柳就地方文献收集工作来市馆调研。

6月3日，市文化、司法联合帮教会在市监狱三中队举行，市政协副主席周振祺、市司法局局长陈新佳、市文化局副局长江国超出席赠书建点仪式。仪式上，张志明代表市图书馆与监狱三中队代表杜队长共同签订《联合帮教协议书》，市馆向三中队赠书300册。原馆长、律师张伟等为70余名被监管人员作法律、市场经济等宣讲。

7月，鄂州市向首批100名专家颁发《鄂州市专家医疗优诊证》，市专家协会会员樊小庆荣获此证。

9月24日，市人事局、市文化局领导来市馆，就定员定编情况听取汇报。

10月11日，设在一楼的综合外借处撤销，其1万余册老旧书全部打包入库。人员调至阅览室。

12日，市长汤涛、副市长朱曙霞来市馆调查研究。省文化厅厅长蒋昌忠，在市委书记熊同发，市委常委、宣传部部长龚强华陪同下来市馆视察。

11月3日，市文化局夏建国、陈步红来馆，就全额单位事业改革进行指导。5日，市馆召开馆务会，就事业单位改革具体实施步骤进行专题讨论。11日，召开全馆大会，公布市馆人事改革定员定编方案。经过讨论，方案获得通过。对口督办人陈步红督会。

12月17日，召开全馆大会，就馆中层干部竞聘做动员。

同年，市人民政府颁发《市人民政府办公室关于做好地方文献征集工作的通知》（鄂州政办字〔2000〕12号）。

12月，全国知识工程领导小组将每年的12月定为“全民读书月”，这是实施全国“知识工程”的重大项目。市馆在新世界商厦门前举行“首届全民读书月暨第十二届图书馆服务宣传周”活动开幕式。

同年，市馆荣获省知识工程办颁发的“全省第十二届图书馆服务宣传周组织奖”“鄂州市千禧年迎国庆文化活动周组织奖”。

2001 年

3 月 6 日，《中国家谱总目》编纂工作湖北地区工作会议在省图书馆召开，市馆派员参加。

5 月 23 日，市文化局组织，由市方志办、市档案馆等单位代表参加的地方文献征集暨《中国家谱总目》收录工作会议在市馆召开。市政协副秘书长姜昭文到会做指示。由市图书馆牵头、鄂州地区公藏、私藏家谱目录的编务工作同年全部完成后，报省图书馆和全国家谱总目编纂牵头单位上海市图书馆。

5 月 29 日，第二届全民读书月暨第十三届图书馆服务宣传周活动开幕，同时，“风华电子杯”有奖征文颁奖仪式举行。市委宣传部副部长方明，市总工会副主席陈娟等为获奖者颁奖。

7 月，省人大法制处主任汤农生，省文化厅副厅长张儒之，省图书馆馆长万群华等来市馆调研《湖北省公共图书馆条例》贯彻实施情况，鄂州市副市长朱曙霞等陪同。

9 月 30 日，市人大常委会副主任胡盛海在市电视台新闻频道，就《湖北省公共图书馆条例》颁布施行发表电视讲话。

10 月 1 日，《湖北省公共图书馆条例》颁布施行。

10 月，受省文化厅委托，由市馆樊小庆、严国俊等设计创作的 16 幅大型彩色宣传挂图——《湖北省公共图书馆条例》，在全省下发展出。

12 月，由市电视台《百姓视线》栏目组编制的“图书馆——百姓的精神家园”专题节目在 12 月下旬连续四次播放。

同年，首次由企业赞助，市图书馆主办、市写作协会协办的“风华电子杯”读书征文活动成功举行。

同年，市文联发布《关于做好我市文化文献征集工作的通知》（鄂州文联〔2001〕14 号）。

2002 年

1 月，市馆到胡林镇参加全市“科技、文化、卫士”三下乡活动。

同月，市馆历时 6 年编撰完成的《湖北长江经济带文献信息开发丛书·鄂州名优特产录》，由华中理工大学出版社出版。全书共有水产、农林、机械纺织等8个篇章，计22.4万字。该书于当年获湖北省文化厅第四届公共图书馆事业发展奖励基金论著一等奖，省文化厅“五个一工程”著作一等奖。

2月28日，市文化局副局长金浩明，纪检组组长秦树胜，政工科科长管惠文来馆，在全馆中层干部会议上，金浩明宣布：李相东任市馆党支部副书记、副馆长，现任馆长张志明另行安排。

3月6日，市文化局夏建国、陈步红来馆，听取馆新领导关于图书馆工作的新设想，并督办图书馆有关改革、改造和参加全国公共图书馆第三次评估事项。

5月11日，第三届全民读书月暨第十四届图书馆服务宣传周活动在明堂广场举行。

5月16日，全市“优化环境，从我做起”演讲大赛市文化局选拔赛在局机关会议室展开，市馆团员王儆利参加并取得较好成绩。

6月11日，市人大副主任胡盛海，市人大科教文卫胡主任等领导在市文体局夏建国等的陪同下，莅临市馆视察，就市馆贯彻《湖北省公共图书馆条例》实施情况调研。

7月2日，市委书记、市委秘书长，宣传部部长等在市文体局夏建国的陪同下，莅临市馆视察。

8月7日，省图书馆声像部范志毅、管小柳就地方文献收集工作来市馆调研。

9月24日，市人事局编办科科长杨希文，市文化局管惠文等一行4人来馆，听取市馆关于人事改革中市馆定员定编情况汇报。

10月，著名图书馆学家、武汉大学图书情报学院黄宗忠教授，全国高校图书馆工作委员会主任杨建东教授来市馆视察。

同月，市馆编著的《鄂州市馆藏地方文献书目提要》（内部本）完成印行。该提要按照《中国图书馆分类法》和《中文普通图书著录规则》分编，共收录了自建馆以来至2002年全部馆藏地方文献340种、710册（件），全书4万余字。

11月3日，市文化局夏建国、陈步红来馆，就市馆人事改革听取意见。

12月，市馆定编工作全部完成。同时，馆内机构调整为：采编辅导部、外借部、阅览部、少儿部、信息部、电子阅览部、产业经营部和办公室。

同月，按照湖北省文化信息资源共享工程建设的要求，市馆自筹资金，启动鄂州支中心——电子阅览室建设。基本完成了图书馆业务管理从手工操作到计算机管理的过渡。

同年，由市知识工程领导小组常务副组长、市文体局局长夏建国，市图书馆馆长李相东主编的市图书馆首集读书征文专集——《心中永远的圣地》，由香港天马书局出版。该集主要收录了近几年市馆组织的全市读书征文活动中的57篇优秀文章。

跋

2005年，全市第二轮修志工作启动。两年后，鄂州市志文化志中图书馆部分完成，所用资料约2万字就此完成使命，束之高阁。作为《鄂州市志》特邀编辑和担任局文化志编辑工作的樊小庆，深感这些资料就此搁置，实为可惜。但因此时个人承担了几部史志的编撰，分身乏术，加之后来身体出现“问题”，因此，未能将其进一步付诸实施。时光匆匆，这一搁置就是好几年。

2013年，撰写馆史的念头又在作者脑海中涌现。因为历史的经验使之认识到，如果这些资料不能及时使用，随着时间的流逝，难保不会散佚。虽然有“地近则易核，时近则迹真”之利，但真正进入里面，却不完全是那么回事。而更加重要的是，鄂州市馆成立60余年来，还没有全面、完整的工作记录，这才是让我们作为一个图书馆人最为记挂的。是年，樊小庆草拟了馆史写作提纲。2014年下半年，樊小庆陆续将个人工作笔记和工作中所做的一些管理方面的图表记录等进行整理，并陆续做起了资料的长编。但到了该年底，在修改了撰写提纲、开始考虑是否正式动手时，樊小庆身体又出现反复而入院手术，此事又被耽搁。2015年3月，在完成半年的治疗后，樊小庆与馆业务骨干张云联手，一道来完成这一没有任何人给我们布置的“任务”。

两个人的努力自是事半功倍。2015年7月，史稿大框架基本完成。但之后的事项如时间的佐证、事情的变化、人员的变动，以及照片的甄选等，又花费了不少精力去查访、核实。而更加重要的是，我们想要通过这些史实，努力从办馆成果、办馆经验中，勾勒出市馆在历史进程中、在各不同时期工作的得失，而不仅只是想完成一个单位的记录、一个历史资料的堆砌，尽管我们所作不一定能达到目的，但我们尽力往这一方向努力。

市馆是在曲折困难的道路上逐渐发展的。勤俭办馆是市馆一向的优良传统和馆风。60余年的历史告诉我们：当国家稳定，方针政策正确，图书馆管理体制合理，市馆的事业就会得到发展，服务成效也随之提高；反之，图书馆事业就会遭受损失。市馆前30年之所以发展缓慢，并一度停办关闭，艰难开馆，后20余年发展迅速，主要原因就在于此。

在本书撰写过程中，得到了各方大力支持：多年来始终关心鄂州市图书馆工作的湖北省图书馆馆长汤旭岩在百忙之中，为本书精心作序；时任市馆馆长陈建新不因其未在本史时间段内而对该项工程忽视，不时地给予关切问候，并为本书题写书名；新任馆长吴兵文在新馆搬迁等诸多事务中仍将此事列为管理要事给予支持；时任馆党支部书记刘菊花在百忙之中，多次亲自帮助查找资料。在资料的提供上，市馆老馆长、88岁的离休干部张三育将其工作笔记等资料倾囊相助，资料与口述并行；老馆长张伟审读每一章节，亲自捉笔，细谈得失；退休在家的江新梅、田雪梅等老馆员提出和补充了相关意见和资料；沈国祯、张景瑞、夏玲华、周幼坤、周卫兵、周志超、赵敏玲、洪勇、秦腊英等，或在阅后提出了相关意见建议，或提供资料以及其他方面的帮助；鄂州市博物馆88岁的离休干部熊亚云也提供了宝贵的口述资料；市史志档案学会秘书长、文史专家胡念征给予了肯定和鼓励；市中医史志专家舒忠民在粗阅史稿后，提出了中肯的意见和建议。在此一并表示深深的感谢。

“以史为镜，可以知兴替。”由于资料搜集尚欠齐全，加之我们的学养不高，才识也浅，自然水平也有限，书中肯定存在一些问题与不足，在此恳请读者批评指正。

樊小庆　张云

2020年6月10日